Raum, verschraubt mit der Zeit Space, Twisted with Time Hubertus Adam

Architecture Yearbook Graz Styria 2010

Architekturjahrbuch Graz Steiermark 2010

Fotos Photos Hertha Hurnaus

.ce, Twisted with Time

Hubertus Adam

Raum, verschraubt mit der Zeit

Herausgegeben von Edited by
Eva Guttmann
HDA Haus der Architektur, Graz

Birkhäuser
Basel

Es ist – zumindest in einschlägigen Kreisen – hinlänglich bekannt, dass ich mich für Architektur in einem umfassenden Sinne einsetze. Ein Teil dieses Engagements war auch das projekt_A, das in der Nachfolge zur Kulturhauptstadt 2003 ein Vehikel gewesen wäre, Graz wieder in den Fokus internationaler Aufmerksamkeit zu rücken. Ziel von projekt_A wäre eine intensive Auseinandersetzung mit der uns umgebenden gestalteten Umwelt, die uns auf Schritt und Tritt mit Gebautem und den Möglichkeiten der Nutzung von Raum konfrontiert, gewesen. Das Projekt ist in der Umsetzung immer wieder an politischen Widerständen gescheitert, sowohl seitens der Stadt Graz als auch des Landes Steiermark. Nun ist Graz UNESCO-City of Design – auch etwas, woran viele schon nicht mehr geglaubt haben, dass dieser Titel Wirklichkeit werden könnte. Ich freue mich sehr über diesen Erfolg und erwähne ihn auch ganz bewusst hier an dieser Stelle zum Architekturpreis des Landes. Der „Titel" City of Design ist aus meiner Sicht eine Chance und ein Auftrag. Auch für die Architektur. Sie gestaltet nicht weniger als Lebensraum. ¶ Auch wenn es um die „Grazer Schule" ruhiger geworden ist, besteht die Qualität, die steirische Architekten und Architektinnen kontinuierlich und konsequent beweisen. Das belegt auch die stolze Zahl von mehr als 60 Einreichungen für den Architekturpreis des Landes Steiermark 2010. Der Preis ist eine Anerkennung und Förderung von herausragenden Leistungen in der Architektur und setzt mehrere besondere Akzente. Die offene Einreichung ist Einladung an alle, sich mit Architektur auseinanderzusetzen. Die vorliegende Publikation des preisgekrönten Projekts und weiterer prämierter Bauten ist eine adäquate Dokumentation der jüngsten Architektur in der Steiermark. ¶ Die Reformpartnerschaft der beiden großen Parteien im Lande hat sich auch vorgenommen, alle Preise, die vom Kulturressort vergeben werden, einer Evaluierung zu unterziehen. Ein erster Schritt ist die Erarbeitung einer Expertise zu den Preisen seitens des Landeskulturbeirates. Im Zuge der Evaluierung wird auch die Vergabe der Preise durch Kuratoren oder Gremien diskutiert. ¶ Für die Architekturszene insgesamt wünsche ich mir eine intensive Diskussion über die Gestaltung von Lebensräumen, den steirischen Architektinnen und Architekten wünsche ich eine mutige und innovative Bauherrschaft.

Dr. Christian Buchmann, Kulturlandesrat

Raum, verschraubt mit der Zeit ist das zweite Architekturjahrbuch Steiermark, das gekoppelt mit dem biennal vergebenen Architekturpreis des Landes Steiermark, dessen Abwicklung über das Haus der Architektur erfolgt, erscheint. ¶ Durch diese Verknüpfung ist eine regelmäßige publizistische Dokumentation aktuellen Baugeschehens in der Steiermark gewährleistet, werden doch sowohl das prämierte Bauwerk als auch die Nominierungen besprochen und durch eine Liste aller Einreichungen ergänzt. ¶ Das inhaltliche Konzept sowie die Texte für diese Publikation stammen von Hubertus Adam, Architekturkritiker sowie künstlerischer Leiter des S AM Basel und Kurator des Architekturpreises des Landes Steiermark 2010. Damit oblag ihm die Auswahl der nominierten Bauten und die Entscheidung für einen Preisträger, welche er zugunsten des Einfamilienhauses *surplus value01* in Laufnitzdorf von Reinhold Weichlbauer und Albert Josef Ortis traf. ¶ Der Aufbau des Buches ist komplex, der Zugang ein mehrfacher: Im titelgebenden Essay „Raum, verschraubt mit der Zeit" werden in sehr subjektiver Weise die für den Landespreis nominierten Projekte vorgestellt. Eingebettet ist dieser Essay in mehrere architekturtheoretische Kapitel zu unterschiedlichen Themen, die jedoch immer auch mit den parallel dazu besprochenen Bauten zu tun haben und damit eine Referenzebene darstellen. ¶ So entsteht ein dichtes Gewebe aus Historie und Gegenwart des steirischen Architekturgeschehens, werden Zusammenhänge und Entwicklungsschritte nachvollziehbar und wird mit dem Blick von außen die regionale Situation analysiert. ¶ Ein weiterer Blick ist jener der Fotografin Hertha Hurnaus, deren Schwarz-Weiß-Bilder im zweiten Teil der Publikation eine eigene, vom Textteil unabhängig lesbare Interpretation der besprochenen Bauten transportieren und durch den Verzicht auf Farbe Strukturen und räumliche Nuancen in den Vordergrund treten lassen. ¶ Der Gedanke eines Jahrbuchs beinhaltet jenen der fortgesetzten Reihe. Die Verschiedenheit der beiden bisher erschienenen Bände ist augenscheinlich und beabsichtigt. Sie soll nicht als Abgrenzung verstanden werden, sondern als Beleg für die vielen Möglichkeiten, Architektur darzustellen. So ist zu erwarten, dass im Laufe der Jahre das Bild einer Gesamtheit der steirischen Architekturproduktion entsteht, zusammengesetzt aus vielen Teilen und betrachtet aus ebenso vielen Blickwinkeln, was dem Bemühen des HDA entspricht, Baukultur immer im Rahmen eines übergeordneten Kontextes und als Abbild gesellschaftlicher Entwicklungen zu betrachten und zu kommunizieren. ¶ Der Architekturpreis des Landes Steiermark ist ein Gradmesser für diese Entwicklungen und damit wesentlicher Bestandteil einer Reflexion über die Region. In einem nicht weniger bedeutenden Sinn ist er ein wertvolles Instrument für die heimische ArchitektInnenschaft zur Bestimmung der eigenen Position in einem überregionalen Zusammenhang und damit unverzichtbar in seiner identitätstiftenden Funktion.

Eva Guttmann, Geschäftsführerin Haus der Architektur

It is – at least in relevant circles – well known that I support architecture in the broadest sense. One part of this commitment was also the projekt_A, which would have been a vehicle following the 2003 European Capital of Culture for moving Graz into the focus of international attention again. The goal of projekt_A would have been an intensive examination of the shaping of the environment surrounding us, which confronts us at every turn with the structures and possibilities of utilising space. However, the implementation of the project always failed because of political resistance on the part of the City of Graz, as well as the Styrian State Government. Graz is now a UNESCO City of Design – something that many no longer believed could also become reality. I am very happy about this success and consciously mention it here at this point in the context of the State Architecture Prize. In my view, the City of Design "title" is a chance and a mandate – also for architecture, as it forms nothing less than living space. ¶ Even if it has gotten quieter around the "Graz School", the quality Styrian architects are continually and consequently proving persists. This is also reflected in the impressive number more than 60 submissions for the Styrian State Prize for Architecture 2010. As an acknowledgment and promotion of the outstanding achievements in the architectural field, this prize places several special emphases. The open submission is an invitation to everyone to deal with architecture. This publication of the award-winning projects and other rewarded buildings is a fitting documentation of the latest architecture in Styria. ¶ The reform partnership of both major political parties in Styria also plans to have all prizes awarded by the State Ministry of Culture undergo an evaluation. A first step is the preparation of an expertise on the prizes by the State Cultural Advisory Committee. In the course of this assessment, the awarding of prizes by curators or committees will additionally be discussed. ¶ For the architecture scene as a whole, I wish an intensive discussion about the design of living spaces. And I also wish Styrian architects courageous and innovative clients.

Dr. Christian Buchmann, Styrian State Minister of Culture

Space, Twisted with Time is the second Architecture Styria Yearbook to appear in conjunction with the biennially awarded Styrian State Prize for Architecture, which is undertaken by the HDA House of Architecture. ¶ Through this link, a regular journalistic documentation of current building projects in Styria is ensured, as the award-winning structure as well as the nominations are reviewed and complemented by a list of all submissions. ¶ The contentual concept and the texts for this publication originate from Hubertus Adam, architecture critic and artistic director of S AM Basel and curator of the Styrian State Prize for Architecture 2010. He was responsible for the selection of the nominated buildings and for the decision on a prize winner, which he made in favour of the single-family house *surplus value01* in Laufnitzdorf by Reinhold Weichlbauer and Albert Josef Ortis. ¶ The composition of this book is complex, the approach is manifold: In the eponymous essay "Space, Twisted with Time", the projects nominated for the State Prize are introduced in a very subjective manner. This essay is embedded in several architectural-theoretical chapters on different themes, which nevertheless always have to do with the buildings being reviewed and thus provide a reference plane. ¶ In this way, a thick fabric of history and the present state of Styrian architectural activity emerges; contexts and developmental stages are comprehensible, and the regional situation is analysed from an outside perspective. ¶ A further perspective is that of the photographer Hertha Hurnaus, whose black-and-white pictures in the second part of the publication transport a distinctive interpretation of the reviewed structures that can be read independently from the text section. By abstaining from using colour, her photos allow structures and spatial nuances to come to the fore. ¶ The notion of a yearbook is one of a continued series. However, the dissimilarity of both of the volumes that have appeared is obvious and deliberate. It should not be understood as a differentiation, but rather as proof of the many possibilities to present architecture. So it is to be expected that the image of an aggregate of Styrian architectural production has emerged over the years, consisting of many parts and observed from equally as many vantage points, which corresponds to the effort of the HDA to observe and communicate building culture always within the framework of an overriding context and as an expression of societal developments. ¶ As an indicator of these developments, the Styrian State Prize for Architecture is a vital component of a reflexion upon the region. In a no less meaningful sense, it is a valuable instrument for local architects to determine an individual position in a trans-regional context and is therefore indispensible in its identity-establishing function.

Eva Guttmann, Director, House of Architecture

Raum, verschraubt mit der Zeit

Ich bin gerne unterwegs. Reisen bedeutet, neue Räume zu erleben und sich der Tatsache des Fremdseins zu stellen. Kehrt man an Orte zurück, die man schon einmal aufgesucht hat, so kann sich gleichwohl ein Gefühl der Vertrautheit ergeben, einer Vertrautheit aus Distanz. ¶ Vertrautheit aus Distanz, das ist keine schlechte Arbeitsvoraussetzung für einen Architekturkritiker. Seit nunmehr zwölf Jahren lebe und arbeite ich in der Schweiz und wüsste auf die Frage, ob ich hier angekommen sei, keine Antwort. Die Frage hat mir allerdings auch noch niemand gestellt. Unterwegssein mag dem Ankommen überlegen sein. ¶ Mitte 2010 erreicht mich ein Angebot von Eva Guttmann, der Leiterin des Hauses der Architektur in Graz, den Architekturpreis des Landes Steiermark 2010 zu kuratieren. In der Vergangenheit bin ich ein paar Mal in der Steiermark gewesen – habe das Kunsthaus Graz besucht, den Schulkomplex von Viktor Hufnagl in Weiz, bin die Doppelwendeltreppe in der Grazer Burg emporgestiegen, habe auch einmal eine Ausstellung über Fischer von Erlach besprochen. In meinem Zürcher Atelier nehme ich die Bücher über die jüngere Architektur der Steiermark aus dem Regal, blättere ein wenig. „Grazer Schule", mit diesem Thema wollte ich mich immer schon etwas intensiver beschäftigen. Dafür könnte jetzt ebenfalls Gelegenheit sein. Ich zögere also nicht lange, ich sage zu. ¶ Üblicherweise werden Preise aufgrund von Juryentscheidungen vergeben. Das bedeutet geteilte Verantwortung: im besseren Fall eine Präzisierung der Entscheidung, im schlechteren Kompromiss. Die steiermärkische Landesregierung hat sich gegen dieses Vorgehen entschieden. Sie ernennt, auf Vorschlag des Hauses der Architektur, zum zweiten Mal einen Kurator, der aus dem Ausland kommt, vermutlich kein intimer Kenner der Szene ist und idealiter mit dieser auch nicht verflochten. Das soll, so vermute ich, einen ungewohnten Blick ermöglichen, fremde Perspektiven eröffnen. Für mich als Kurator bedeutet dies, sich in ungewohnter Weise zu exponieren. Subjektivität muss zur Leitlinie werden, doch es gilt, das individuelle Urteil zu begründen. Üblicherweise schreiben Architekturkritiker Texte, in denen das subjektive Empfinden neutralisiert ist: Meinen sie „ich", schreiben sie „man". Es spricht eine neutrale Person, nie sprechen sie

Space, Twisted with Time

I like to be on the move. Travelling means experiencing new spaces and facing the fact of being foreign. If one returns to places one has already once visited, this can result at the same time in a feeling of familiarity, a familiarity from a distance. ¶ Familiarity from a distance – that is not a bad working precondition for an architecture critic. For more than twelve years I have been living and working in Switzerland and would not know an answer to the question of whether I have arrived here. However, no one has ever posed this question to me. Being on the road might have the edge over arriving. ¶ In the middle of 2010, I received an offer from Eva Guttmann, the Director of the Haus der Architektur (House of Architecture) in Graz, to curate the Architekturpreis des Landes Steiermark 2010 (Styrian State Prize for Architecture). I had been to Styria a few times in the past – I visited the Kunsthaus Graz, the school complex of Viktor Hufnagl in Weiz, ascended the double spiral staircase of the Graz Castle, even once reviewed a Fischer von Erlach exhibition. In my Zurich studio I take books about the latest Styrian architecture from the shelf, leaf through them a little. "Graz School" – I have always wanted to deal with this topic more intensively. This could now be the opportunity as well. I do not hesitate long and accept the offer. ¶ Prizes are normally awarded on the basis of jury decisions. That means shared responsibility: in the better case, making a precise decision, in the worse case, a compromise. The Styrian State Government has decided against this procedure. Represented by the Haus der Architektur in Graz, it has again appointed a curator who comes from abroad, presumably no intimate connoisseur of the scene and ideally not intertwined with it. That should, as I assume, enable an unusual view, open foreign perspectives. For me as the curator, this means being exposed in an unaccustomed manner. Subjectivity has to become the guideline, yet it is necessary to reason the individual judgement. Architecture critics usually write texts in which the subjective opinion is neutralised: If they mean "I", they write "one". A neutral person is speaking, they never speak themselves. In this case, I think such an approach is wrong. Therefore, I have decided

selbst. In diesem Fall halte ich ein derartiges Vorgehen für falsch. Daher entscheide ich mich dafür, den Text in der ersten Person Singular zu verfassen. ¶ Kaum eine Buchgattung ist langweiliger als das typische Architekturjahrbuch mit der monotonen Reihung von Bildern, Projektbeschreibung und Plänen. Ich bin über die Architekturgeschichte zur Architekturkritik gekommen, allein über Gegenwärtiges zu schreiben, das langweilt mich. Ich führe eine zweite Textebene ein, die aus Exkursen in die steirische Architekturgeschichte besteht. Beide Ebenen können für sich bestehen, reagieren aber auch aufeinander – mal mehr, mal weniger. Mir kommt der Talmud in den Sinn, dessen Gestaltung mit seiner durchaus auch disparaten Kombination von Lehrtext und Kommentaren ich für eines der großartigsten Werke der Buchkunst halte. Davon müsste man sich inspirieren lassen … ¶ Mit meiner Abneigung gegenüber der üblichen Hochglanzästhetik der Architekturfotografie stoße ich bei der Fotografin Hertha Hurnaus auf offene Ohren. Wir einigen uns auf Schwarz-Weiß. Als ich ihre ersten Bilder sehe, bin ich begeistert. Was ich als Autor umständlich mit Wörtern einkreisen muss, wird in den Fotos auf einen Blick anschaulich. Zum Ausdruck gebracht werden exakt jene Stimmungen, die mir vorschwebten, als wir das erste Gespräch führten. Wir – die Grafikerin Gabriele Lenz, ihre Mitarbeiterin Elena Henrich und ich – beschließen, Bild und Text zu trennen und dem Text keine weiteren Fotos, sondern lediglich Zeichnungen beizugeben. Aus einem Buch sind zwei geworden. ¶ Abends im Café Sperl im VI. Wiener Bezirk kommt mir Erich Frieds Gedicht über die Treppen von Graz in den Sinn, in dem es heißt: „Daß man zugleich ¶ beide Treppen ersteigt ¶ und auf jedem Absatz ¶ sich selbst begegnet und schweigt ¶ und sich ineinander findet ¶ und wieder entzweit ¶ Diese Doppeltreppe verbindet ¶ und verschraubt den Raum ¶ mit der Zeit …" ¶ Die Doppelwendeltreppe, die ja immer wieder Architekten in Graz inspiriert hat, wird für mich zur Metapher für das Buch, das entsteht. Der Raum der Fotos, das textliche Verfließen der Zeit. Und natürlich handeln Frieds Zeilen auch vom Unterwegssein, sie umschreiben meine Tätigkeit. Sich verlieren, sich wieder finden. Die Begegnung mit sich selbst und dem Raum. Nach oben steigen, eigentlich ohne Ziel, und wieder zurückkehren. ¶ Eines Winterabends sitze ich wieder im Café Sperl.

to compose the text in the first person singular. ¶ Hardly any book genre is more boring than the typical architecture yearbook with the monotonous string of pictures, project descriptions and plans. I came to architecture criticism through architectural history; writing about the present alone bores me. I am introducing a second text level that consists of excursions into Styrian architectural history. Both levels can stand on their own, but also react to each other – sometimes more, sometimes less. What comes to my mind is the Talmud. I consider its composition – a quite disparate combination of teaching texts and commentary – to be one of the greatest works of book art. One ought to allow oneself to be inspired by it… ¶ I find a sympathetic ear to my aversion to the conventional high-gloss aestheticism of architectural photography with the photographer Hertha Hurnaus. We agree upon black and white. As I see her first pictures, I am enthralled. What I, as the author, have to laboriously zero in on with words is immediately vivid in the photographs. Exactly those moods I had imagined when we held our first discussion are brought to expression. We – the graphic artist Gabriele Lenz, her colleague Elena Henrich and I – decide to separate images and text and not add any further photos, but only illustrations. One book has become two books. ¶ That evening at Café Sperl in Vienna's Sixth District, Erich Fried's poem about the Stairways of Graz crosses my thoughts: "Since you climb ¶ both stairs at the same time ¶ and at every step ¶ you meet yourself and stay silent ¶ find yourself in the other ¶ and fall out ¶ This double spiral binds ¶ and twists space ¶ with time…" ¶ The double spiral staircase, which has inspired architects in Graz again and again, becomes the metaphor for the book that is emerging. The space of the photographs, the textual elapsing of time. And Fried's verses are naturally about being on the road, they paraphrase my activity. Losing oneself, finding oneself again. The encounter with oneself and with space. Spiralling upwards, actually without a goal, and turning back again. ¶ One winter evening I am sitting again in Café Sperl. In front of me on the table are the folders of the projects I have intended to visit. And so I set off on a journey. This journey, it goes without saying, has never taken

Vor mir auf dem Tisch die Mappen mit den Projekten, die zu besuchen ich mir vorgenommen habe. Und so begebe ich mich also auf eine Reise. Diese Reise, das sei vorausgeschickt, hat so nie stattgefunden. Sie ist ein Konzentrat verschiedener Besuche in der Steiermark, die auf meine Auswahl der Projekte folgten. Die Reise ist Fiktion, aber sie hätte so stattfinden können. Ich lasse sie am nächsten Morgen beginnen. ¶

Laufnitzdorf weichlbauer/ortis efh_surplus value01

An einem trüben Januarmorgen setze ich mich in Wien-Meidling in den Zug, auf der Passhöhe des Semmering liegt etwas Schnee. In Graz angekommen, fahre ich muraufwärts nach Laufnitzdorf. Das erste Mal aufgefallen ist mir das Haus, dem die Architekten den kryptischen Titel *efh_surplus value01* gegeben haben, in einem jener Hochglanzmagazine, die Projekte enthalten, welche von der Redaktion wohl als cool und trendig angesehen werden. Nun gut, dachte ich, wieder so ein Haus, das ein Galerist mit Porsche und zuviel Geld irgendwo in der Landschaft abgestellt hat und das nach Veröffentlichung schreit. Was ja auch gelungen ist. Schon irgendwie skurril mit seinem Kunstrasenüberzug und den sinnlosen, sich in alle möglichen Richtungen streckenden Treppen. Den knappen beigefügten Text habe ich nicht gelesen, auch Architekturkritiker blättern gerne durch Zeitschriften. An einem verregneten Nachmittag, ein anderer Termin hatte sich zerschlagen, war ich also nach Laufnitzdorf gefahren. Die Adresse hatte ich nicht, ich war unvorbereitet: eine eher spontane Aktion. Aber dieses Haus müsste sich schnell finden lassen. Laufnitzdorf zeigte sich weitläufiger als vermutet, ich kurvte erfolglos durch die Straßen. Niemand da, den man fragen könnte, kein Wunder bei diesem Wetter. In einem Gasthaus beschrieb man mir den Weg, verbunden mit dem merkwürdigen Zusatz, ich würde das Haus aber sicher nicht finden. Das bewahrheitete sich, und nach einer Zeit weiteren Herumirrens fragte ich einen Passanten, der gerade die Straße querte. Offenkundig war ich meinem Ziel näher gekommen, doch auf die einsilbige Wegbeschreibung folgte der nahezu gleichlautende Zusatz. Als sich das Ritual mit einer anderen Person noch einmal wiederholte, geriet ich ins Grübeln: War hier für alle Dorfbewohner eine Sprachregelung erlassen worden? Existierte

place in this way. It is a concentrate of different visits to Styria which follow my selection of the projects. This journey is fiction, but it could have taken place like this. I will let it begin the next morning. ¶

Laufnitzdorf
weichlbauer/ortis
Single-Family House
surplus value 01

On a dull January morning I get onto the train in Vienna-Meidling; some snow lies at the top of the Semmering Pass. After arriving in Graz, I then travel up the Mur River to Laufnitzdorf. The first time I noticed the house, which the architects have cryptically named *surplus value01*, was in one of those glossy magazines featuring projects the editors probably considered to be cool and trendy. Well, I thought, another such house that a gallery owner with a Porsche and too much money planted somewhere in the countryside, clamouring for public attention. Which it has also succeeded in doing. Somehow quirky with its artificial turf covering and the senseless steps stretching in all possible directions. I have not read the brief enclosed text; architecture critics like to leaf through magazines, too. On a rainy afternoon after another appointment had been cancelled, I had travelled to Laufnitzdorf. I did not have the address, I was unprepared – a rather spontaneous action. But this house should be able to be found quickly. Laufnitzdorf turned out to be more rambling than expected; I unsuccessfully cruised through the streets. Nobody there to ask, no wonder in this weather. Someone described the way to me at a tavern, oddly adding, however, that I would surely not find the house. That proved to be true, and after wandering around for a time, I asked a passerby who was just crossing the street. Evidently I had come closer to my goal, but the nearly identical appendix followed the monosyllabic directions. As the ritual was repeated again with another person, I began to ponder: Had a gag order been placed on all the villagers here? Did this house exist at all? Or did I fall prey to a rendered mirage? ¶ As I now, several months later, return to Laufnitzdorf, I find the way instantly. I know that the building lies somewhat hidden on a plot, invisible from a distance, and that the owners want to do anything else than architectonically stage themselves within the village community. I also know that the residents are active

Spielanordnungen

Internationale Aufmerksamkeit erzielten weichlbauer/ortis im Jahr 2001 mit ihrem Wohnblock wohnDNA in Gratkorn, nordwestlich von Graz. Dabei bildeten computergenerierte Muster den Ausgangspunkt für das Projekt, das in einer Zone zwischen Einfamilienhäusern und Geschosswohnungsblöcken situiert ist. Die aleatorischen Muster wurden in der ersten Phase mit den bestehenden Vorgaben (Grenzabstand, Bebauungsdichte, Raumprogramm) zusammengeführt. Dann änderten sich die Förderungsrichtlinien, so dass eine radikale Umplanung nötig wurde. Das führte zu einer Komprimierung des Raumprogramms und einer neuen Art der Stapelung, wobei die grundlegenden Charakteristika – also die „DNA“ – erhalten bleiben sollten. Entstanden ist als Resultat ein hybrider, statische und dynamische Elemente verbindender „Einfamiliengeschosshauswohnblock“, dessen durch das All-over der gelben Farbe bedingte Homogenität durch die weit auskragenden Terrassen und Balkone konterkariert wird. Dabei operierten weichlbauer/ortis mit einem Minimum an Details: Verwendung fanden nur ein Fensterformat, ein Türformat und ein Balkonelement, das zugleich für Vordächer und Terrassen genutzt wurde. ¶ Auch bei der GKK-Filiale Leoben ging es den Architekten um die Frage, wie dem Dilemma, dass gleiche Entwurfsregeln zu ähnlichen Entwurfsergebnissen führen, zu entkommen sei, also der von weichlbauer/ortis kritisierten Kette „Geschmack = Gewohnheit = Gemütlichkeit = Mutlosigkeit = Hirn schaltet auf Automatik“, die in ihrem Verständnis ein geschlossenes System darstellt. Auch wenn es nicht möglich ist, dem System vollends zu entrinnen, so gilt es, die Kausalität abzuschwächen. Dies, indem sich das Interesse von der Zielorientierung auf die Prozessorientierung verlagert und der Computer nicht dazu eingesetzt wird, das umzusetzen, was im Kopf des Entwerfenden ohnehin vorhanden ist. Die Algorithmusfolge im Entwurfsprozess begann mit topografischen Daten, also der Grundstücksgrenze und dem vorher bestehenden Gebäude sowie dem bauherrnseitig gewünschten Raumprogramm. Die Datensätze wurden komprimiert, überlagert, gestaucht und dann mit einem Krankenkassen-Formular („Antrags-Formular zur Befreiung von Rezeptgebühren“) manipuliert. Derlei Formulare besitzen vorgedruckte Textelemente sowie Zeilen, die von den Antragstellern ausgefüllt werden – mithin feste und flexible Elemente. In der Konsequenz führte das zu einem Gebäude mit aufgelöster Baumasse, das sich gleichsam aus einem Magnetfeld von Scheiben aufbaut, die sich zum Zentrum hin verdichten, nach außen aber als Fragmente und Stelen den umgebenden Freiraum gliedern. Doch eigentlich ist es verfehlt, von Fragmenten oder Stelen zu sprechen, referiert der eine Begriff doch auf ein verlorenes Ganzes, während der andere Zusammenhänge zu architektonischen Pathosformeln herstellt. Das Ziel von weichlbauer/ortis besteht aber in einer Desemantisierung, die

weichlbauer/ortis: GKK-Filiale
Health Insurance Fund branch office, Leoben, 2009

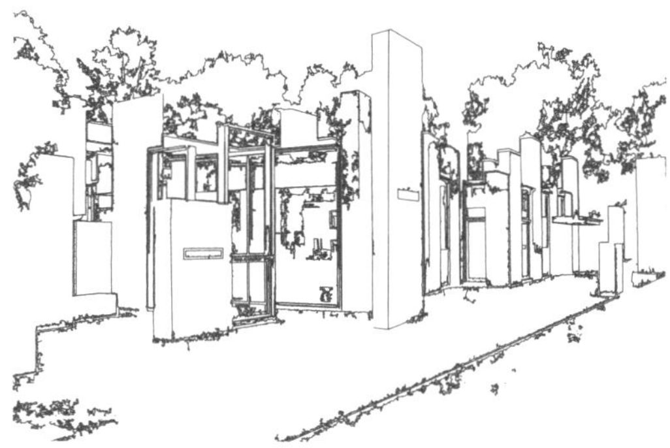

dieses Haus überhaupt? Oder war ich dem Trugbild eines Renderings anheimgefallen? ¶ Als ich jetzt, einige Monate später, wieder nach Laufnitzdorf komme, finde ich den Weg auf Anhieb. Ich weiß, dass das Gebäude etwas versteckt, von der Ferne aus unsichtbar, auf einem Grundstück liegt und die Besitzer alles andere wollen, als sich innerhalb der Dorfgemeinschaft architektonisch zu inszenieren. Ich weiß auch, dass die Bewohner in der Landwirtschaft tätig sind, das bestehende Bauernhaus für sie und ihre drei Kinder zu klein geworden war und sie sich ein geräumigeres Domizil wünschten, als sie an die im benachbarten Frohnleiten mit ihrem Büro ansässigen Architekten Reinhold Weichlbauer und Albert Josef Ortis herantraten. Das Raumprogramm, das sie zu realisieren gedachten, klang normal, fast konventionell: Küche, Speisezimmer und Wohnzimmer auf einer Ebene, Schlaf- und Kinderzimmer im Stockwerk darüber. Außerdem forderten sie einen Arbeitsraum im Untergeschoss, der heute für die Herstellung von Ziegenkäse dient. ¶ weichlbauer/ortis, die durch experimentelle Projekte wie die wohnDNA in Gratkorn bekannt geworden sind, interessieren sich dafür, den gängigen architektonischen Formfindungsprozess in Frage zu stellen, demzufolge das realisierte Gebäude die Umsetzung einer vorgefassten Idee darstellt; es geht ihnen um die Dezentrierung des allmächtigen Architekten. Um die Linearität von der Idee zur Konkretisierung zu vermeiden, arbeiten sie mit Zufallskomponenten, zufälligem Zahlenmaterial, das sie zwecks Manipulation in den Entwurfsprozess einfüttern: So wurde das gewünschte Raumprogramm mit Datensätzen früherer Projekte, gewissermaßen digitalem Abfall, der in Architekturbüros entsteht, angereichert. weichlbauer/ortis sehen Parallelen zu einem Häcksler, der in der Landwirtschaft Abfallmaterial in neuen Rohstoff verwandelt. Aus diesem Datenbrei wählten sie einen willkürlichen Ausschnitt, der eine große Anzahl von Fenstern und Treppenelementen enthielt. Dazu kamen völlig zufällige Zahlenwerte, unter anderem der österreichische Pro-Kopf-Bierkonsum, Waschmitteltestergebisse und Blutwerte der Architekten. Die Rohform, die daraus generiert war, wurde anschließend so manipuliert, dass letztlich ein realisierbares Projekt entstand, welches das Raumprogramm exakt erfüllt und doch vollständig anders aussieht, als man es sich hätte vorstellen

Game Layouts

weichlbauer/ortis attracted international attention in 2001 with their wohnDNA apartment block in Gratkorn, located northwest of Graz. Computer-generated patterns formed the starting point of the project, which is situated in a zone between single-family houses and single-storey apartment blocks. During the first phase, the aleatoric patterns were merged with the existing specifications (boundary distance, site density, spatial scheme). Then the subsidy guidelines were changed, so that a radical re-planning became necessary. This led to a compression of the spatial scheme and a new type of stacking, whereby the basic characteristics – the "DNA", so to say – were to be preserved. What resulted was a "single-family multi-storey apartment block" that combined hybrid, static and dynamic elements, and whose limited homogeneity through the overall yellow color was counteracted by the widely overhanging terraces and balconies. weichlbauer/ortis operated with a minimum of details, using only a window format, a door format and a balcony element, which was likewise deployed for canopies and terraces. ¶ As well as for the Graz Health Insurance Fund (GKK) branch office they designed in Leoben, the question for the architects was how to overcome the dilemma that the same design rules translate into similar design results, meaning the chain criticized by weichlbauer/ortis, "taste = habit = snugness = despondency = brain switches to automatic", which represents a closed system to their understanding. Even if it is not possible to completely escape from the system, it is vital to mitigate the causality: by shifting the interest from goal orientation to process orientation and not utilising the computer to carry out what is already in the head of the designer. ¶ The algorithm sequence in the design process began with topographical data, i.e., the plot boundaries and the previously existing buildings, as well as the spatial scheme desired by the building contractor. These data sets were compressed, layered, clinched and then manipulated with a health insurance fund form ("application form for prescription charge exemption"). Such forms contain preprinted text elements in addition to lines that will be filled in by the applicant – hence, there are solid and flexible elements. This consequently led to a building with a dissolved building mass that is, so to speak, constructed out of a magnetic field of slabs that consolidate toward the centre, but outwardly structure the surrounding free space as fragments and steles. However, to speak of fragments or steles actually misses the point, as the one term refers to a lost whole, while the other establishes connections to architectonic pathos formulae. The goal of weichlbauer/ortis, though, consists in a de-semantisation that allows form to be recognised as purposeless. Their buildings can perhaps be understood as game layouts. The rules that have led to the particular situation may explain

weichlbauer/ortis: wohnDNA, Gratkorn, 2001

in farming, that the existing farmhouse had become too small for them and their three children, and that they wished for a more spacious domicile when they approached the architects Reinhold Weichlbauer and Albert Josef Ortis, whose office is located in neighbouring Frohnleiten. The space plan they had thought of realising sounded normal, almost conventional: kitchen, dining room and living room on one level, bedrooms and children's rooms on the storey above. They additionally required a work area in the basement, which is today used for the production of goat cheese. ¶ weichlbauer/ortis, who became known through experimental projects such as the wohnDNA residential complex in Gratkorn, are interested in questioning the common architectonic form-finding process, whereby the realised building represents the implementation of a preconceived idea; for them it is a matter of decentralising the omnipotent architect. To avoid the linearity from the idea to the concretisation, they work with random components, coincidental numeric data that they feed into the design process for the purpose of manipulation. In this way, the desired space plan is enriched with data sets from earlier projects, digital rubbish, as it were, originating in architect's offices. weichlbauer/ortis see parallels to a shredder that transforms agricultural waste into new raw material. From this data mush they chose an arbitrary section containing a large number of windows and stair elements. Fully random numerical values were added, including the per capita beer consumption in Austria, washing detergent test results and blood values of the architects. The generated raw form was subsequently manipulated in such a manner that a viable project – which exactly fulfils the space plan, yet looks totally different than one could have imagined – finally emerged. Whether anyone likes or does not like the building is not the architects' main concern. Perhaps it needs a little time, but one gets used to a lot in the end, they nonchalantly claim. ¶ The notion of freeing explicitly connoted elements from their function and using them in an unusual way is decisive. Not at least for cost reasons, the number of details was reduced to a minimum, so a window casement not only serves as a window, but also as a railing when laid crosswise. The prefab concrete stairs are not only

Form als zweckfreie erkennbar werden lässt. Vielleicht kann man ihre Bauten als Spielanordnungen verstehen. Die Regeln, die zu der jeweiligen Situation geführt haben, mögen diese retrospektiv erklären; für die Nutzerinnen oder Nutzer ist die Herleitung indes keinesfalls relevant. Ihnen obliegt es, mit einer gegebenen Situation umzugehen. Also für sich selbst, in aller Freiheit, Spielregeln zu entwickeln, die zu einer glücklichen Partie führen. Ob das gelingt, hat mehr mit dem Leben zu tun als mit Architektur.

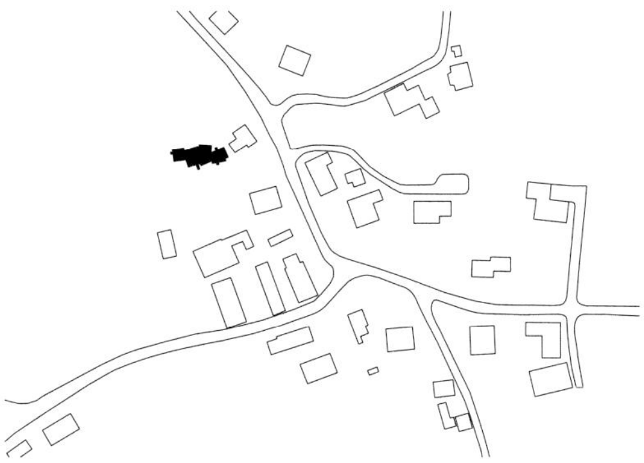

100 m

können. Ob dieses Gebäude gefällt oder nicht, ist für die Architekten sekundär. Es brauche vielleicht ein wenig Zeit, aber letztlich gewöhne man sich an vieles, behaupten sie nonchalant. ¶ Bestimmend ist der Gedanke, eindeutig konnotierte Elemente von ihrer Funktion zu befreien und auf ungewohnte Weise zu verwenden. Nicht zuletzt aus Kostengründen wurde die Anzahl der Details auf ein Minimum reduziert, und so dient ein Fensterflügel eben nicht nur als Fenster, sondern quergelegt auch als Brüstung. Die präfabrizierten Betontreppen finden sich nicht nur im Stiegenhaus, sie dienen auch als Sichtschutz, Tragelement, Vordach oder Trittstufen für den Kaminkehrer, während für die Handläufe im Inneren Fensterprofile zum Einsatz gelangten. Und weil die Hülle des Hauses, das sich aus verschobenen und aufeinander gestapelten Kuben zusammensetzt, weich sein sollte, wurde das gesamte Äußere mit sechs Zentimeter hohem Kunstrasen umhüllt. Ein inmitten der Landschaft völlig künstliches Material, dessen Haptik man sich indes nicht entziehen kann. Unweigerlich beginne ich das Haus zu streicheln. ¶ Den Begriff Kontext halten die Architekten für einen der meist strapazierten und im Grunde fast aussagelosen Begriff des Architekturdiskurses. Fragen des Kontextes hätten beim Entwurf keinerlei Rolle gespielt. Man mag das glauben oder nicht, tatsächlich war das Gebäude zunächst als Ersatz für das bestehende Bauernhaus gedacht. Dann musste dieses aus Denkmalschutzgründen erhalten bleiben und so wurde der Neubau ohne jegliche Veränderung einfach daneben gestellt. ¶ Mich fasziniert die Chuzpe, mit der die Architekten gängige Konventionen in Frage stellen. Peter Eisenman hat schon zu Beginn seiner beruflichen Karriere darauf hingewiesen, in der Architektur sei der Bruch mit den Konventionen niemals erfolgt, Architektur sei eigentlich nicht in der Moderne angekommen. Anders als die Zäsuren, welche der *Ulysses* von James Joyce für die Literatur oder die Dodekaphonie Arnold Schönbergs für die Musik bedeutet hätten, sei die Architektur weiterhin von einem herkömmlichen Verständnis von Tektonik bestimmt. Die frühen Einfamilienhäuser, die Eisenman in den USA bauen konnte, sind daher angereichert mit scheinbar sinnlosen, weil nicht nutzbaren Elementen. weichlbauer/ortis gelingt es, an derlei Ideen anzuknüpfen und dennoch mühelos nutzbare Häuser zu bauen. Ihr

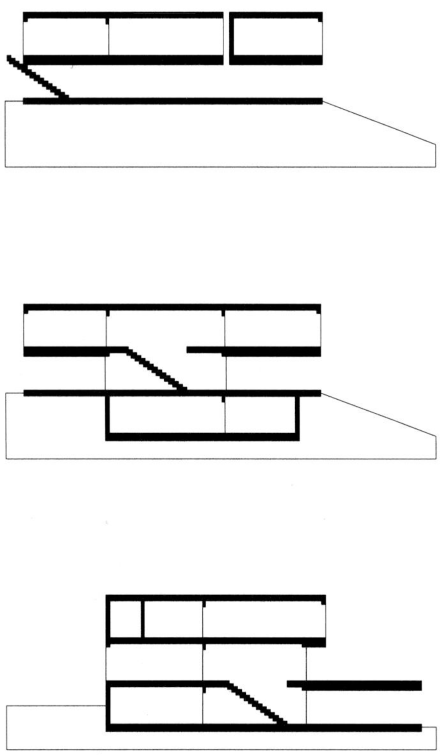

Schnitte
Sections

10 m

these retrospectively; the derivation, however, is not at all relevant for the users. It is up to them to deal with a given situation. That means being able to develop, for themselves, in complete freedom, game rules that result in a happy game. Whether this succeeds or not has more to do with life than with architecture.

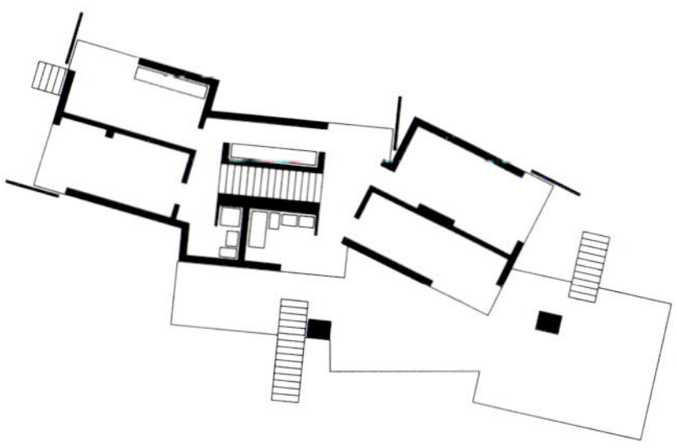

Obergeschoss
Upper floor

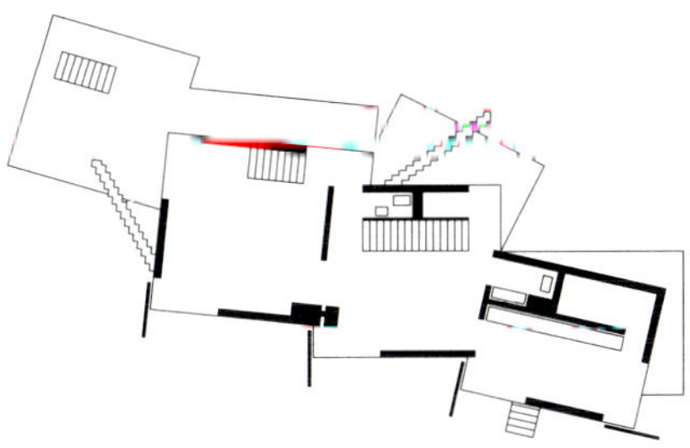

Erdgeschoss
Ground floor

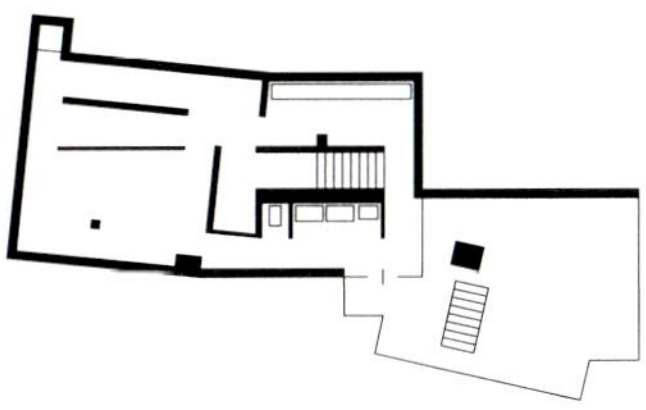

10 m

Untergeschoss
Basement

found in the stairwell; they also serve as a visual cover, support element, canopy or access stairs for the chimney sweeper, while window profiles are employed as handrails inside. And because the house's shell, an aggregate of shifted and stacked cubes, should be soft, the whole exterior was covered with six-centimetre-high artificial turf. A totally artificial material, in the middle of the countryside, whose feel, however, is irresistible. I inevitably begin caressing the house. ¶ The architects consider "context" to be one of the most strained and nearly meaningless terms in architectural discourse. Questions of context would not have played any role during the design. Whether one believes it or not, the building was initially intended as a replacement for the existing farmhouse. Then the farmhouse had to be listed, so the new building was simply placed beside it without any modification. I am fascinated by the chutzpah with which the architects challenge established conventions. At the beginning of his professional career, Peter Eisenman pointed out that the break with conventions had never occurred in architecture. Architecture had not actually arrived in the Modern. Unlike the caesuras that James Joyce's *Ulysses* would have meant for literature or Arnold Schönberg's dodecaphony for music, architecture was further determined by a conventional understanding of tectonics. The early single-family houses Eisenman built in the USA are thus enriched with seemingly senseless – because unusable – elements. weichlbauer/ortis succeed in taking up such ideas and nevertheless construct effortlessly usable houses. Their appeal lies in the juxtaposition of convention and experiment. The loose and un-ideological gesture with which this happens is delightful. The totalitarian essentialism that other buildings possess is alien to weichlbauer/ortis projects. What I mean by this is explained with an example. Years ago I visited Peter Zumthor's thermal bath in Vals, which I highly regard. I was there with a friend who has bad eyesight. She needed to wear special diving goggles in the water so that she could find her way back to the pool edge. Suddenly, in a wall that looked like it had been built for eternity, a hidden door opened up. A bath attendant stepped out and asked her to take off the goggles: they looked too sporty and were not wanted here. *surplus value01* is a house

Fermente aus dem Nachbarland: Die frühe Grazer Architekturszene und die Schweiz

Die Beziehungen der frühen Protagonisten der „Grazer Schule" zur Schweiz sind von österreichischer Seite aus verschiedentlich kursorisch behandelt worden, vor allem von Eilfried Huth und Friedrich Achleitner.[1] Eine umfangreiche Dokumentation des Architektekturdiskurses der fünfziger bis siebziger Jahre, wie sie die Publikation *The Austrian Phenomenon*[2] für Österreich leistet, liegt für die Schweiz bislang nicht vor. Daher lohnt ein knapper Blick auf die Kreuzbestäubungen zwischen der Grazer Szene und der Schweizer Architektur, für die zunächst der Architekt Walter M. Förderer[3] eine wichtige Rolle spielte. 1928 im Weiler Nohl (Kanton Zürich) geboren, hatte Förderer nach einer abgebrochenen Typographenlehre und dem Studium der Bildhauerei an der Kunstgewerbeschule Basel zwei Jahre im Büro des Basler Architekten Hermann Baur gearbeitet, bevor er 1956 gemeinsam mit Rolf G. Otto ein Architekturbüro gründete, in das 1958 Hans Zwimpfer als dritter Partner eintrat. Nach dem Sieg in der Konkurrenz um die Hochschule für Wirtschafts- und Sozialwissenschaften in St. Gallen (1957) konnte die Arbeitsgemeinschaft im Folgejahr zwei weitere Wettbewerbsgewinne für sich verbuchen: den für die Realschule im basellandschaftlichen Aesch und den für die Realschule „Brunnmatt" in Basel. Alle drei Projekte wurden nahezu zeitgleich realisiert. ¶ Mit einem freien Arrangement orthogonaler Volumina, deren Zentrum das von einer Bibliothek bekrönte und von einer expressiv anmutenden Treppenstruktur erschlossene Aula- und Vorlesungssaalgebäude bildet, verschaffte die Hochschule St. Gallen dem jungen Architekturbüro über die Grenzen der Schweiz hinaus Anerkennung. Das kraftvolle, in Sichtbeton realisierte Ensemble zeugte von einer Haltung, die sich von der spätmodernen Stahl-Glas-Architektur in der Nachfolge Mies van der Rohes distanzierte, ohne indes ein rationales Grundverständnis aufzukündigen, das sich insbesondere in der konsequenten Orthogonalität manifestierte. Den Versuch, der Standardisierung entgegenzuwirken, empfand Förderer selbst allerdings bald als unzulänglich und beklagte den „Gesamteindruck von klassischer Monumentalität". ¶ Offensichtlich war es Günther Domenig, der Kontakt mit Förderer aufnahm; ohne das „Vorbild" – so Huth[4] – wäre die Pädagogische Akademie Eggenberg nicht denkbar gewesen. Die expressive Staffelung der orthogonalen Volumina, die Durchwegung, vor allem aber die Materialisierung in Sichtbeton erinnern an die kurz zuvor entstandenen Schul- und Universitätsbauten des Büros von Förderer, welche Domenig und Huth dann auch gemeinsam mit ihren Auftraggebern besuchten, um diese vom Sichtbeton zu überzeugen. ¶ Förderer hatte sich 1963 von seinen bisherigen Büropartnern getrennt und ein eigenes Büro gegründet. Noch in demselben Jahr gewann er den Wettbewerb für den Neubau der Kirche St-Nicolas

Günther Domenig / Eilfried Huth: Pädagogische Akademie
Teacher Training College,
Graz-Eggenberg, 1963–69

1 Eilfried Huth, in: Juliane Zach (Hg.), *Eilfried Huth – Architekt. Varietät als Prinzip*, Berlin 1996, S. 88–91; Interview Bernhard Hafner / Eilfried Huth in: www.gat.st: nachrichten: SonnTAG 345 u. 346; vgl. auch das Gespräch mit Eilfried Huth in der vorliegenden Publikation. Auch: Friedrich Achleitner, „Schweizer Architektur – aus östlicher Sicht" [1996], in: ders., *Region, ein Konstrukt? Regionalismus, eine Pleite?*, Basel u.a. 1997, S. 147–162, hier S. 147; Gespräch mit Günther Domenig in: Maria Welzig u.a., *Die Architektur und ich: eine Bilanz der österreichischen Architektur seit 1945 vermittelt durch ihre Protagonisten*, Wien 2003, hier S. 180f. **2** Az W (Hg.), *The Austrian Phenomenon. Architektur Avantgarde Österreich 1956–1973*, Basel u. a. 2010. **3** Die einzige Monografie erschien noch zu Förderers Lebzeiten und umfasst eine umfangreiche, wenn auch unvollständige Werkliste: Max Bächer, *Walter M. Förderer. Architektur – Skulp-*

Reiz besteht in dem Nebeneinander von Konvention und Experiment. Erfreulich ist der lockere und unideologische Gestus, mit dem das geschieht. Der totalitäre Essentialismus, mit dem andere Bauten auftreten, ist den Projekten von weichlbauer / ortis fremd. Was ich damit meine, sei an einem Beispiel erklärt. Vor Jahren besuchte ich mit einer Freundin die – im Übrigen von mir überaus geschätzte – Therme in Vals von Peter Zumthor. Meine Bekannte sieht schlecht, und so benötigt sie im Wasser eine geschliffene Taucherbrille, um wieder zum Beckenrand zu finden. In einer der wie für die Ewigkeit gemauert wirkenden Wände öffnet sich auf einmal eine versteckte Tür, ein Bademeister tritt heraus und fordert sie auf, die Brille abzunehmen: das sähe sportlich aus, das sei hier nicht erwünscht. *efh_surplus value01* ist ein Haus, das seinen Bewohnern kein bestimmtes Verhalten aufoktroyiert. Es ist ein ganz normales Haus, in dem ganz normales Leben gelebt werden kann. Und doch ist es mehr als das, nämlich eine ebenso intelligente wie spielerische Etüde zu der Frage, was Architektur ist, sein kann und sein darf. Mitunter wird die Herangehensweise von weichlbauer / ortis mit der Postmoderne in Verbindung gebracht. Die Strategien, auch die ironische Haltung, sind zweifellos von den Theorien Manfred Wolff-Plotteggs beeinflusst, von dem Friedrich Achleitner einmal behauptet hat, er lasse sich nicht der „Grazer Schule" zuordnen, da diese frei von Ironie sei. Mag sein, dass das stimmt. Ob weichlbauer / ortis als postmodern einzustufen sind, hängt von der Frage ab, wie man Postmoderne versteht. Eine der meines Erachtens treffendsten Umschreibungen stammt von Umberto Eco. In seiner *Nachschrift zum Namen der Rose* berichtet er von einem jungen Mann, der einer belesenen Frau seine Liebe gestehen will. Er weiß aber,

Catalysts from the Neighbouring Country: The Early Graz Architecture Scene and Switzerland

The relationships of the early protagonists of the "Graz School" to Switzerland have been treated cursorily at times from the Austrian side, particularly by Eilfried Huth and Friedrich Achleitner.[1] A comprehensive documentation of the architectural discourse of the Fifties and Sixties, which the publication *The Austrian Phenomenon*[2] has accomplished for Austria, does not exist yet for Switzerland. Therefore, it is worthwhile to take a brief look at the cross-pollination of the Graz scene and Swiss architecture, which the architect Walter M. Förderer[3] initially played a vital role in. Born in 1928 in the hamlet of Nohl (Canton of Zurich), Förderer worked for two years in the office of the Basel-based architect Hermann Baur after an aborted typographer apprenticeship and study of sculpture at the Kunstgewerbeschule (School of Applied Arts) in Basel. In 1956, he and Rolf G. Otto founded an architect's office; Hans Zwimpfer joined on as a third partner two years later. After winning the competition for the Hochschule für Wirtschafts- und Sozialwissenschaften in St. Gallen (St. Gallen University of Economic and Social Sciences) in 1957, the consortium notched two further competition victories in the following year: one for the Realschule (Middle School) in Aesch and one for the Realschule "Brunnmatt" in Basel. All three projects were carried out nearly at the same time. ¶ Featuring a free arrangement of orthogonal volumes, whose centre is composed of an auditorium and lecture hall building crowned by a library and accessed by an expressive staircase structure, the Hochschule St. Gallen garnered recognition for the young architect's office beyond the borders of Switzerland. Executed in exposed concrete, the powerful ensemble bears witness to an attitude that distanced itself from the Late Modern steel-glass architecture emulating Mies van der Rohe without denouncing a rational basic understanding that was particularly manifested in the consequent orthogonality. Förderer himself, however, soon found the attempt at counteracting standardisation to be unsatisfactory and deplored the "overall impression of classical monumentality". ¶ Apparently it was Günther Domenig who established contact with Förderer; without the "role model" – as Huth puts it[4] – the Pädagogische Akademie (Teacher Training College) in Graz-Eggenberg would have been inconceivable. The expressive staggering of the orthogonal volumes, the pathways and especially the materialisation in exposed concrete are reminiscent of the school and university buildings built shortly before by Förderer's office, which Domenig / Huth visited together with their clients in order to convince them of the merits of exposed concrete. ¶ Förderer parted company with his previous office partners in 1963 and started his own office. In that same year, he won the contest for the new

1 Eilfried Huth, in: Juliane Zach (ed.), *Eilfried Huth – Architekt. Varietät als Prinzip*, Berlin 1996, pp. 88 – 91; Interview with Bernhard Hafner / Eilfried Huth in: www.gat.st: nachrichten: SonnTAG 345 and 346; compare the interview with Eilfried Huth in this publication. In addition: Friedrich Achleitner, "Schweizer Architektur – aus östlicher Sicht" [1996], in: idem, *Region, ein Konstrukt? Regionalismus, eine Pleite?*, Basel et al. 1997, pp. 147 – 162, here p. 147; Interview with Günther Domenig in: Maria Welzig et al., *Die Architektur und ich: eine Bilanz der österreichischen Architektur seit 1945 vermittelt durch ihre Protagonisten*, Vienna 2003, here p. 180 f.; **2** Az W (Pub.), *The Austrian Phenomenon. Architektur Avantgarde Österreich 1956 – 1973*, Basel et al. 2010. **3** The only Förderer monograph appeared during his lifetime and contains a comprehensive but incomplete list of works: Max Bächer,

that does not impose a certain behaviour upon its residents. It is a quite normal house in which completely normal life can be lived. And yet it is more than that, namely an equally intelligent as well as playful etude to the question of what an architect is, can be and is allowed to be. Occasionally, the approach of weichlbauer/ortis is associated with the Postmodern. The strategies and the ironic attitude are undoubtedly influenced by the theories of Manfred Wolff-Plottegg, who, Friedrich Achleitner once asserted, cannot be ascribed to the "Graz School", because it lacks irony. That might be true. Whether weichlbauer / ortis are to be classified as Postmodern depends on the question of what one understands Postmodern to be. In my opinion, one of the most fitting euphemisms is from Umberto Eco. In his *Postscript to The Name of the Rose*, he tells of a young man who wants to confess his love to a well-read woman. He knows, however, that she knows and she knows that he knows that the sentence "I love you" has been used a million times and thus seems naive. According to Eco, the solution would be to say: "As it now would be said in a light novel: 'I love you'". Both have ironically played a game, no one has to feel naive, and yet they are able to speak about love once again. ¶ I believe that weichlbauer / ortis have accomplished something comparable in the area of architecture. This architecture plays with irony, avoids any naivety and poses the questions architecture must ask so that we will be stimulated to think. That is much, very much. I set off on my journey with the conviction to not, under any circumstances and already again, award a prize to a single-family house. I have to revise my position. The *surplus value01* house deserves the Styrian State Prize for Architecture 2010.

in der Ortschaft Hérémence im Wallis, deren Konzeption der Architekt später selbst als Wendepunkt seines Schaffens darstellte: anstatt Objektives zu subjektivieren wie bei den Schulbauten zuvor, habe er nun Subjektives objektiviert. Eine expressive Durchbildung der Bauvolumina sowie der Innenräume sollte die Kirchen und Gemeindezentren bestimmen, die in dichter Folge innerhalb von etwa 15 Jahren realisiert wurden – neun Sakralbauten entstanden in der Schweiz, vier weitere in Deutschland. Entwickelte Förderer seine Formensprache zunächst aus dem Sichtbeton, so wandte er sich in späteren Projekten (etwa dem Kirchenzentrum Boppard-Buchholz, 1974/75, oder bei St. Franziskus in Jona, 1977–79) verputzten Baukörpern zu. Zur Dynamisierung des Raums kommt im Werk von Förderer den Treppen stets eine besondere Bedeutung zu; er selbst unterschied zwischen frei im Raum stehenden Treppen wie in St. Gallen, den Raum seitlich begrenzenden Treppen und der „Deckentreppe", die nur für das Auge zu begehen ist und sich beispielsweise in St-Nicolas in Hérémence findet.[5] ¶ Der Kontakt zu Förderer führte dazu, dass auch Huth und Domenig sich vom Rationalismus des rechten Winkels trennten und mit dem aus Pfarrheim und Kirche bestehenden Pfarrzentrum Oberwart im Burgenland (1966–69)[6] ein expressives Ensemble realisierten, das allerdings – wie die Werke des Schweizers auch – nicht völlig frei geformt ist, sondern sich aus einer oktogonalen Grundrisslogik heraus entwickelt. Der wesentliche Schritt zu einer plastischeren Durchbildung der Volumina bestand bei Förderer ebenso wie bei Huth / Domenig darin, nicht nur den 90-Grad-, sondern auch den 45-Grad-Winkel anzuwenden. ¶ Die Freundschaft mit Förderer brachte die Grazer Architekten auch mit dessen Schweizer Umfeld zusammen. Dazu zählte der Soziologe Lucius Burckhardt, der zwischen 1962 und 1972 als Chefredaktor der Zeitschrift *Werk* tätig war und in dieser Funktion die Hochschule St. Gallen publiziert hatte.[7] 1968 veröffentlichten Burckhardt und Förderer ein seinerzeit vielbeachtetes Manifest unter dem programmatischen Titel *Bauen ein Prozess.*[8] Anstelle einer objektfokussierten, auf das Gebäude und dessen effiziente Realisierung gerichteten Betrachtungsweise postulierten sie eine Auseinandersetzung mit der Planung vor Baubeginn und der auf sie einwirkenden politischen und gesellschaftlichen Kräfte, aber auch mit den nach Fertigstellung einsetzenden Prozessen wie Nutzungsänderung oder Umbau. Unter dem Stichwort „Aktivierung der Schöpferkraft auch des Bauherrn und des Benützers" verwiesen Burckhardt und Förderer insbesondere auf die experimentellen Projekte des Architekten Christian Hunziker[9], die Burckhardt fünf Jahre später in einem Rückblick auf die Architektur der sechziger Jahre als „bedeutendsten Beitrag zur Überwindung der Stagnation"[10] apostrophieren sollte. Hunziker (1926–1991)[11] hatte nach einer Maurerlehre, einer fragmentarischen Berufsausbildung am Technikum Winterthur und

tur, Neuchâtel [1975]. Weiters: Zara Reckermann, *„Gebilde von hoher Zwecklosigkeit". Walter Maria Förderers Gratwanderung zwischen Architektur und Skulptur am Beispiel von St-Nicolas in Hérémence*, Weimar 2009. **4** Huth, in: Zach 1996, S. 88. **5** Vgl. Walter M. Förderer, „Treppen-Räume", in: *Daidalos*, 1983, H. 9, S. 10f. **6** Zach 1996, S. 91. **7** Lucius Burckhardt, „Im Hinblick auf die Handels-Hochschule St. Gallen", in: *Werk*, Jg. 49/1962, S. 115–120; „Hochschule St. Gallen für Wirtschafts- und Sozialwissenschaften", in: *Werk*, Jg. 50/1963, S. 297–315. **8** Lucius Burckhardt / Walter Förderer, *Bauen ein Prozess*, Teufen 1968. **9** Vgl. ebd., S. 41 u. 43. **10** Lucius Burckhardt, „Kritik der sechziger Jahre", in: *Werk*, Jg. 60/1973, S. 1588–1600, hier S. 1590. **11** Zu Christian Hunziker: *a+u* H. 6/1984, S. 27–81; Christian Hunziker, *„Le Schtroumpf" in Genf*, [1986].

dass sie weiß, und sie weiß, dass er weiß, dass der Satz „Ich liebe Dich" schon millionenfach verwendet wurde und daher naiv wirkte. Die Lösung bestünde laut Eco darin, zu sagen: „Wie es jetzt in einem Trivialroman heißen würde: ‚Ich liebe Dich'." Beide haben mit Ironie ein Spiel gespielt, niemand muss sich naiv fühlen, und doch haben sie noch einmal von Liebe sprechen können. ¶ Ich glaube, dass weichlbauer / ortis etwas Vergleichbares im Bereich der Architektur gelingt. Diese Architektur spielt mit Ironie, vermeidet jegliche Naivität und stellt die Fragen, die Architektur stellen muss, damit wir zum Denken angeregt werden. Das ist viel, sehr viel. Ich habe meine Reise mit der Überzeugung angetreten, auf gar keinen Fall und nicht schon wieder ein Einfamilienhaus auszuzeichnen. Ich muss meine Haltung revidieren. Das Haus *efh_surplus value01* verdient den Architekturpreis des Landes Steiermark 2010.

construction of the St-Nicolas Church in the small town of Hérémence in the Canton of Valais, whose conception the architect later considered as a turning point in his work: Instead of subjectivising objective elements, as in the previous school buildings, he objectivised subjective elements. An expressive design of building volumes as well as the interiors was to define the churches and parish centres that were completed in rapid succession within about 15 years – nine sacred buildings arose in Switzerland, four others in Germany. ¶ Though he first developed his formal expression out of exposed concrete, he changed to plastered buildings in later projects (such as the Kirchenzentrum [Parish Centre] in Boppard-Buchholz, 1974/75, or at St. Franziskus in Jona, 1977 – 79). To add dynamism to the space, the stairs always have a special significance in Förderer's works; he himself differentiates between staircases standing freely in space, as in St. Gallen, staircases that laterally confine space, and the "ceiling staircase" which can only be climbed visually, and is found, for instance, in St-Nicolas in Hérémence.[5] ¶ The contact to Förderer also led Huth and Domenig to break away from the rationalism of the right angle and to construct an expressive ensemble, the Pfarrzentrum Oberwart (Oberwart Parish Centre) in Burgenland (1966 – 69),[6] consisting of a parish house and church, which – like the works of the Swiss architect – is not completely freely formed, but develops out of an octagonal ground plan logic. For Förderer as well as Huth/Domenig, the major step towards a more plastic design of the volumes consisted in not only using the 90-degree angle, but the 45-degree angle too. ¶ Through their friendship with Förderer, Graz architects also became acquainted with his Swiss circle of friends. Among them was the sociologist Lucius Burckhardt, the chief editor of the magazine *Werk* from 1962 to 1972 who had publicised the Hochschule St. Gallen in this function.[7] In 1968, Förderer and Burckhardt published a manifesto programmatically entitled *Bauen ein Prozess* (Building: A Process),[8] which attracted considerable attention at that time. Instead of an object-focussed perspective directed at the building and its efficient realisation, they postulated a close examination of the planning prior to the start of construction and of the political and societal powers that impact it, as well as of the processes that set in after completion, such as the change of use or renovation. Under the catchphrase "activation of the creative powers, also those of the contractor and the user", Burckhardt and Förderer particularly pointed to architect Christian Hunziker's[9] experimental projects, which Burckhardt characterised five years later as "the most important contribution to overcoming the stagnation"[10] in a review of Sixties architecture. After an apprenticeship as a bricklayer, a fragmentary professional education at the Technikum Winterthur and several years of architectural practice, Hunziker (1926 – 1991)[11] and Robert

Günther Domenig / Eilfried Huth: Kirche des Pfarrzentrums Parish Church Oberwart, 1966 – 69

Walter M. Förderer. Architektur – Skulptur, Neuchâtel [1975]. A single study is available: Zara Reckermann, *"Gebilde von hoher Zwecklosigkeit". Walter Maria Förderers Gratwanderung zwischen Architektur und Skulptur am Beispiel von St-Nicolas in Hérémence*, Weimar 2009. **4** Eilfried Huth, in: Zach 1996, p. 88. **5** Cf. Walter M. Förderer, "Treppen-Räume", in: *Daidalos*, 1983, no. 9, p. 10 ff. **6** Zach 1996, p. 91. **7** Lucius Burckhardt, "Im Hinblick auf die Handels-Hochschule St.Gallen", in: *Werk*, vol. 49/1962, pp. 115 – 120; "Hochschule St.Gallen für Wirtschafts- und Sozialwissenschaften", in: *Werk*, vol. 50/1963, pp. 297 – 315. **8** Lucius Burckhardt / Walter Förderer, *Bauen ein Prozess*, Teufen 1968. **9** Cf. ibid., pp. 41, 43. **10** Lucius Burckhardt, "Kritik der sechziger Jahre", in: *Werk*, vol. 60/1973, pp. 1588 – 1600, here p. 1590. **11** On Christian Hunziker:

Walter M. Förderer, Rolf G. Otto, Hans Zwimpfer: Hochschule für Wirtschafts- und Sozialwissenschaften University of Economic and Social Sciences, St. Gallen, 1957–63

einigen Jahren architektonischer Praxis 1957 mit Robert Frei ein Architekturbüro gegründet, in das später auch Christians Bruder Jakob sowie der Italiener Giancarlo Simonetti eintraten. Hunziker positionierte sich schon mit seinen ersten Bauten, aber auch in einer Reihe von Aufsätzen als Vertreter einer organischen Architektur, die – zu einer Zeit, da der architektonische Expressionismus wiederentdeckt wurde[12] – von den phantastischen Visionen der zwanziger Jahre ebenso inspiriert wurde wie von den „Handmade Houses“ der USA.[13] Dieser gegen den Rationalismus der Spätmoderne gerichtete Ansatz stieß früh auf das Interesse von Friedensreich Hundertwasser, der Hunziker 1959 in Genf aufsuchte und mit ihm dessen erstes eigenes Projekt besichtigte, die Villa Ineichen in Bernex (1957/58). Noch im gleichen Jahr nannte Hundertwasser Hunziker explizit in einem Zusatz zum *Verschimmelungsmanifest gegen den Rationalismus in der Architektur*,[14] das zunächst als Rede 1958 anlässlich einer Tagung in der Abtei Seckau gehalten worden war. ¶ Die Beziehungen zwischen der Grazer Szene und den Schweizer Kollegen führten auf Initiative der Planungsgruppe Domenig / Huth 1965 zu der Gruppenausstellung *Schweizer Architekten vor dem Dilemma heutigen Bauens* im Forum Stadtpark in Graz.[15] Vertreten waren Atelier 5 mit der Siedlung Halen bei Bern und der für Berlin geplanten Siedlung Ruhwald, der Architekt Peter Steiger[16], Walter M. Förderer mit Modellen einiger seiner Kirchen und Schulen sowie das Büro Frei-Hunziker-Simonetti mit einigen Villenprojekten, darunter der exzentrischen Villa A Rajanda in Gland und der Villa Ringger in Puplinge,[17] bei welcher die Gestalt des Baus von den Handwerkern und Bewohnern mitbestimmt wurde. ¶ Auch in der Folgezeit sollten die Kontakte zwischen der Schweiz und Österreich nicht abbrechen. Förderer lehrte im Wintersemester 1967/68 an der Technischen Hochschule in Wien, Hunziker war 1975/76 als Gastprofessor in Graz tätig. Nach den experimentellen Villenbauten der Frühzeit beschäftigte sich dieser seit den ausgehenden sechziger Jahren mit Partizipation im größeren Maßstab; sein Werk kulminierte schließlich in der neoorganischen Siedlung „Le Schtroumpf“ in Genf (1978–1990). ¶ Eilfried Huth hat wiederholt darauf hingewiesen, dass der Terroranschlag auf die israelische Mannschaft bei den Olympischen Spielen 1972 zu einem Einschnitt in sein Bewusstsein geführt habe, was letztlich die Trennung von Domenig und die Hinwendung zu einem sozialen Verständnis von Architektur – wie es sich in der Planung der Eschensiedlung in Deutschlandsberg ab 1972 konkretisierte – zur Folge hatte. Den Kontakten zu Förderer und dann zu Hunziker kommt in diesem Zusammenhang die Rolle eines wichtigen Ferments zu, das sich nicht nur in der Formensprache (Projekt Haus Keckstein, Graz 1976; Haus Lackner, Weinburg am Saßbach 1979–1982, Lüftungsbauten des Plabutschtunnels in Raach, 1983–1987), sondern vor allem hinsichtlich des Gedankens der Partizipation

12 Von zentraler Bedeutung war die Publikation Ulrich Conrads / Hans G. Sperlich, *Phantastische Architektur*, Stuttgart 1960, in welcher der Bogen von Gaudí über die Mitglieder der „Gläsernen Kette“, Bernhard Hoetger, die italienischen Futuristen und die russischen Konstruktivisten bis hin zu Buckminster Fuller, Konrad Wachsmann und Frei Otto geschlagen wurde. **13** Vgl. Art Boericke / Barry Shapiro, *Handmade Houses. Von der Kunst der neuen Zimmerleute* [1975], Frankfurt/M. 1977. **14** Friedensreich Hundertwasser, „Verschimmelungsmanifest gegen den Rationalismus in der Architektur“, in: *Austrian Phenomenon*, Bd. 1, S. 780–783, hier S. 783. **15** Vgl. Katalog *Schweizer Architekten vor dem Dilemma heutigen Bauens*, [Graz 1965]. Dazu auch: G. Falk, „Macht und Ohnmacht des Bauens“, in: *Neue Zeit*, Graz, 9.11.1965; Friedrich Achleitner, „Produktives Dilemma – Neues Bauen kritisch betrachtet“, in: *Die Presse*, Wien, 13.11.1965.

Mönichwald dreiplus Architekten Volksschule

Von Laufnitzdorf aus fahre ich nach Frohnleiten, überquere die Mur und wende mich auf kurvenreichen Straßen Richtung Nordosten. Über Birkfeld steuere ich die Mittelgebirgslandschaft des Jogllands an, das gerne mit Peter Roseggers Waldheimat wirbt und mit seiner ruralen Prägung dem Besucher aus der Ferne Eindrücke vermittelt, Postkartenbilder gleichsam, wie sie Verkehrsvereine und Tourismusmarketing nicht besser erfinden könnten. Mönichwald ist mein Ziel, eine kleine Gemeinde auf 574 Metern Höhe mit gut 900 Einwohnern im Tal der Lafnitz, einem Nebenfluss der Raab. Dank der Umgehungsstraße am Südufer des Flüsschens ist die Ortschaft mehr oder minder verkehrsfrei und im Zentrum findet sich alles versammelt, was man an einer solchen Lage im Dorf benötigt: das Gemeindeamt, ein Wirtshaus, ein Lebensmittelgeschäft, die Kirche. Und seit jüngstem der Neubau der Volksschule. 27 Schülerinnen und Schüler sind aufgeteilt auf zwei Klassen, als ich das Gebäude betrete, sind sie gerade im Wirtshaus zum Mittagessen. ¶ Ein wenig fühle ich mich wie in der Schweiz. Das liegt am Dorfbild, vor allem aber an der Schule, die mit ihren klaren orthogonalen Formen und ihren Fassaden aus sandgestrahltem Sichtbeton auch irgendwo in Graubünden oder der Innerschweiz stehen könnte. Mich erstaunt es immer wieder, wenn ich am Ende eines entlegenen Tals in einem Weiler auf puristische Betonbauten stoße, die mich rätseln lassen, wie die Gemeinde von einem solch dezidierten architektonischen Statement überzeugt werden konnte. Ja, ich bin Städter, und wahrscheinlich ist mein Blick auf die Provinz schlicht zu klischeebehaftet. dreiplus Architekten aus Graz haben das zum Flusslauf hin abfallende Terrain geschickt aus-

Frei established an architect's office in 1957, which Christian's brother Jakob and the Italian architect Giancarlo Simonetti later joined. Hunziker already positioned himself with his first buildings and in a series of essays as a representative of an organic architecture, which – at a time when architectonic expressionism was being rediscovered [12] – was equally inspired by the fantastic visions of the Twenties as by the "handmade houses" of the USA.[13] Directed against the rationalism of the Late Modern period, this approach attracted the interest of Friedensreich Hundertwasser, who paid a visit to Hunziker in 1959 in Geneva and jointly inspected his first project, the Villa Ineichen in Bernex (1957/58). In the same year, Hundertwasser explicitly mentioned Hunziker in an appendage to his *Verschimmelungsmanifest gegen den Rationalismus in der Architektur* (Mould Manifesto against Rationalism in Architecture),[14] which had originally been recited during a conference in 1958 at the Seckau Abbey. ¶ The relationships between the Graz scene and the Swiss colleagues resulted in the group exhibition *Schweizer Architekten vor dem Dilemma heutigen Bauens* (Swiss Architects Faced with the Dilemma of Present-Day Construction), which was initiated by the Domenig / Huth planning group in the Forum Stadtpark in Graz.[15] Among those represented were Atelier 5 with the Siedlung Halen (Halen Estate) near Berne and the Siedlung Ruhwald (Ruhwald Estate) planned for Berlin; the architect Peter Steiger[16]; Walter M. Förderer, with models of several of his churches and schools; as well as the Büro Frei-Hunziker-Simonetti with several villa projects, including the eccentric Villa A Rajanda in Gland and the Villa Ringger in Puplinge,[17] whose building form was co-determined by the tradesmen and residents. ¶ In the period that followed, the contacts between Switzerland and Austria did not break off. Förderer taught in Winter Semester 1967/68 at the Technical University in Vienna, Hunziker was a guest professor in Graz in 1975/76. After the experimental villa constructions of the early period, he was involved in large-scale participation from the end of the Sixties onwards; his work culminated in the neo-organic Le Schtroumpf estate in Geneva (1978 – 1990). ¶ Eilfried Huth has repeatedly pointed out that the terrorist attack on the Israeli team at the 1972 Olympic Games led to a break in his consciousness that ultimately resulted in a split from Domenig and a move towards a social understanding of architecture – as was substantiated in the planning of the Eschensiedlung (Eschen Estate) in Deutschlandsberg from 1972 onwards. In this context, the contacts to Förderer and then to Hunziker were an important catalyst that not only revealed itself in the formal expression (Haus Keckstein project, Graz 1976; Haus Lackner, Weinburg am Saßbach, 1979 – 1982, the Plabutsch Tunnel ventilation buildings in Raach, 1983 – 1987), but especially in regard to the participative ap-

a+u, no. 6 / 1984, pp. 27 – 81; Christian Hunziker, *"Le Schtroumpf" in Genf*, [1986]. **12** Of key significance was the publication Ulrich Conrads / Hans G. Sperlich, *Phantastische Architektur*, Stuttgart 1960, which ranged from Gaudí to the members of the "Gläserne Kette", Bernhard Hoetger, the Futurists and the Constructivists to Buckminster Fuller, Konrad Wachsmann and Frei Otto. **13** Cf. Art Boericke / Barry Shapiro, *Handmade Houses. Von der Kunst der neuen Zimmerleute* [1975], Frankfurt / M. 1977. **14** Friedensreich Hundertwasser, "Verschimmelungsmanifest gegen den Rationalismus in der Architektur", in: *Austrian Phenomenon*, vol. 1, pp. 780 – 783, here p. 783. **15** Compare the catalogue *Schweizer Architekten vor dem Dilemma heutigen Bauens*, [Graz 1965]. In addition: G. Falk, "Macht und Ohnmacht des Bauens", in: *Neue Zeit*, Graz, 9.11.1965; Friedrich Achleitner, "Produktives Dilemma – Neues Bauen kritisch betrachtet", in:

Mönichwald
dreiplus Architekten
Elementary School

Leaving from Laufnitzdorf, I drive to Frohnleiten, cross the Mur, and head on winding roads towards the northeast. By way of Dirkfeld I steer towards the low mountain range landscape of the Joglland region, which gladly uses Peter Rosegger's "Waldheimat" (Forest Home) to woo people, and, with its rural character, offers the visitor from afar impressions, postcard pictures, so to speak, that tourist offices and tourism marketing could have not better invented. Mönichwald is my destination, a 900-soul community lying at an altitude of 574 metres in the valley of the Lafnitz river, a tributary of the Raab. Thanks to the bypass road on the south bank of the little river, the town is more or less vehicle-free. Everything one needs in such a village is found in the centre: the village hall, an inn, a grocery shop, the church. And, since recently, the newly constructed elementary school. 27 pupils are divided into two classes; as I enter the building they are all at the inn eating lunch. ¶ Somehow I have the feeling I am in Switzerland. That is not only due to the villagescape, but particularly to the school. With its clear, orthogonal shapes and sand-blasted exposed concrete façades, it could also stand somewhere in Canton Grisons or Central Switzerland. It never ceases to amaze me when I run into Purist concrete buildings in a hamlet at the end of a remote valley. I puzzle over how the community could be convinced about making such a decidedly architectonic statement. Yes, I am a city dweller, and my view of the province is probably just too cliché-ridden. ¶ dreiplus Architekten from Graz have skilfully exploited the terrain sloping down to the riverbed and built a three-storey, angular

offenbart, der die Avantgarde der steirischen Architektur jener Zeit prägte. Bestätigt wurden diese Interdependenzen 1985 in der Ausstellung *Werk und Handlung – Klassisches und Gegenklassisches in der heutigen Architektur* an der Technischen Universität Karlsruhe.[18] Ausgestellt waren drei Positionen, auf die Krise der spätmodernen Architektur zu reagieren. Michael Alder, Heinz Bienefeld, Leon Krier, Aldo Rossi und Luigi Snozzi standen für den Versuch einer ästhetischen, auf die Eigengesetzlichkeiten der klassischen Architektur rekurrierenden Opposition gegenüber einem funktionalistischen Architekturverständnis; Yona Friedman, Herman Hertzberger, Frans van Klingeren, Lucien Kroll, Renzo Piano und Ottokar Uhl repräsentierten Strategien des Strukturalismus mit geringer tektonischer Fixierung. In einer dritten Gruppe waren „naturalistische Architekturkonzepte" präsentiert, und zwar Arbeiten von Günther Domenig, Christian Hunziker, Karla Kowalski und Michael Szyszkowitz. Diese Gruppe, so formulierte es Ingo Bohning, der Kurator der Ausstellung, „ ... appelliert mit ihren phantastischen Bauplastiken an emotionale Sehnsüchte und fordert eine neue Natürlichkeit. Der funktionalistischen, aber auch der klassisch-rationalen Architektur werden romantisch verspielte, affektreiche Bauten entgegengesetzt."[19]

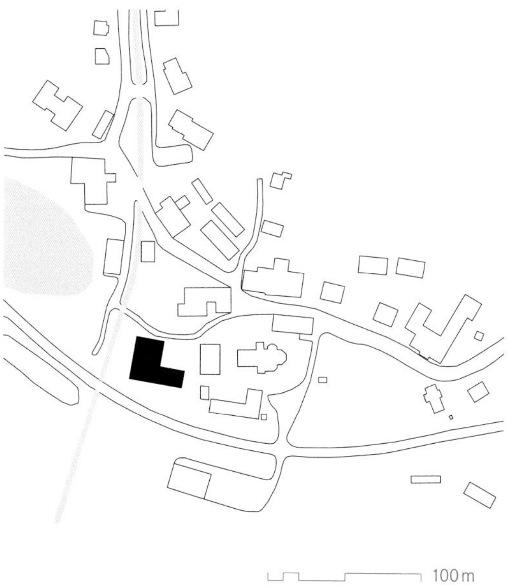

genutzt und ein dreigeschossiges, winkelförmiges Volumen realisiert, das zum Dorf hin nur zweigeschossig in Erscheinung tritt. Die beiden Flügel umfassen einen aufgrund des Hochwasserschutzes leicht erhöhten Vorplatz, der als erweiterter Pausenplatz genutzt werden kann, aber – zum Dorfzentrum orientiert – auch für Dorffeste zur Verfügung steht. Links befindet sich die in den Hang versenkte Turnhalle, deren verglaste Oberlichtfront zum Platz hin Einblick gewährt. Rechts kragt das boxartig ausgebildete Obergeschoss über das ebenfalls weitgehend verglaste Erdgeschoss aus und lässt damit einen wettergeschützten Teil des Vorplatzes entstehen. Hinter der Glasfront liegt das Foyer, von dem aus man in alle drei Geschosse gelangt: hinunter zum talseitigen Ausgang, zur auch für Gemeindeveranstaltungen genutzten Sporthalle und zum Musikprobenraum der Trachtenkapelle; hinauf zu den zwei Klassenräumen, dem Lehrerzimmer und der Bibliothek. Sollte es einmal nötig werden, kann durch Neustrukturierung der Raumorganisation Platz für vier Klassenzimmer geschaffen werden. Neben dem Sichtbeton und dem Glas verwendeten dreiplus Architekten lediglich Tannenholz, mit dem die Wände und Decken verkleidet sind. Es riecht gut in den Räumen und überdies übernimmt das Holz auch akustische Funktionen. Ein puristisches Konzept – doch die Farbe kommt ohnehin von den Kindern, die gerade von der Mittagspause zurückkehren, als ich das Gebäude wieder verlasse und ins Auto steige, um Richtung Graz aufzubrechen.

16 Förderer und Steiger hatten sich 1965 kennen gelernt; zwischen 1968 und 1977 realisierten sie gemeinsam drei Großwohnsiedlungen in Adlikon, Zürich und Genf für die Ernst Göhner AG; vgl. Peter Steiger, *Chancen und Widerstände auf dem Weg zum nachhaltigen Planen und Bauen*, Zürich 2009, S. 104 – 114 und 289 – 292. Die drei Siedlungen, die Förderer selbst als eher gescheitert ansah, wurden zwar in der Zeitschrift *Werk* veröffentlicht, tauchen aber in seiner 1975 erschienenen Monographie nicht auf. **17** Vgl. Hunziker, *„Le Schtroumpf"*, S. 75 – 77. **18** Ingo Bohning, „Christian Hunziker und die Ausstellung ‚Werk und Handlung', Karlsruhe", in: ebd., S. 52 – 55. **19** Ebd., S. 56.

proach that characterised the avant-garde of Styrian architecture at that time. These interdependencies were confirmed in 1985 in the exhibition *Werk und Handlung – Klassisches und Gegenklassisches in der heutigen Architektur (Work and Action – The Classical and Counter-classical in Today's Architecture)* at the Technical University in Karlsruhe.[18] Three positions reacting to the crisis of Late Modern architecture were exhibited. Michael Alder, Heinz Bienefeld, Leon Krier, Aldo Rossi and Luigi Snozzi stood for the attempt of an aesthetic opposition to a functionalistic understanding of architecture – an opposition that referred back to the autonomics of classical architecture; Yona Friedman, Herman Hertzberger, Frans van Klingeren, Lucien Kroll, Renzo Piano and Ottokar Uhl represented strategies of structuralism with slight tectonic fixation. "Naturalistic architecture concepts" were presented in a third group of works by Günther Domenig, Christian Hunziker, Karla Kowalski and Michael Szyszkowitz. As Ingo Bohning, the curator of the exhibition, formulated it, this group "... appeals to emotional longings with their fantastic architectural sculptures and demands a new naturalness. Functionalistic and classical-rational architecture is contrasted with romantically playful, richly emotive constructions."[19]

volume that appears to be only two-storied towards the village. Both wings embrace a forecourt, which is slightly elevated for flood protection reasons, and can be used as an extended playground, but – oriented towards the village centre – is also available for village festivals. Lowered into the slope on the left is a gymnasium, whose glassed skylight front affords a view to the square. To the right, a box like upper storey hangs over the mostly glassed ground floor, allowing a part of the forecourt to be weather-protected. Behind the glass front is the foyer, which all three storeys can be accessed from: downstairs to the lower exit to the gymnasium, which is also used for community events, and to the rehearsal rooms of the traditional brass band; upstairs to the two class rooms, the teachers' room and the library. Should it be necessary one day, space for four classrooms can be created by restructuring the room organisation. Apart from exposed concrete and glass, dreiplus Architekten only used fir wood, which the walls and ceilings are panelled with. It smells good in the rooms and the wood takes on acoustic functions as well. A Purist concept – the colour, however, comes anyway from the children, who are just coming back from lunch as I leave the building again and get into the car to set out towards Graz.

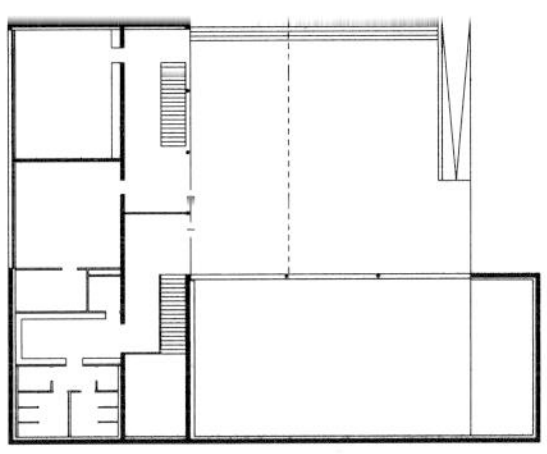

Eingangsgeschoss
Entrance floor

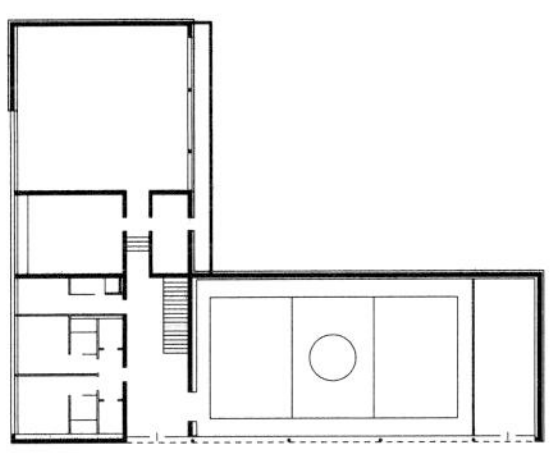

20m

Sockelgeschoss
Basement

Die Presse, Vienna, 13.11.1965. **16** Förderer and Steiger met each other in 1965; between 1968 and 1977 they jointly constructed three large housing estates in Adlikon, Zurich and Geneva for the Ernst Göhner AG; cf. Peter Steiger, *Chancen und Widerstände auf dem Weg zum nachhaltigen Planen und Bauen*, Zürich 2009, pp. 104–114, 289–292. The three estates, which Förderer himself regarded as rather failed, were published in the magazine *Werk*, but remarkably do not appear in his 1975 monograph. **17** Cf. Hunziker, "*Le Schtroumpf*", pp. 75–77. **18** Ingo Bohning, "Christian Hunziker und die Ausstellung 'Werk und Handlung', Karlsruhe", in: ibid., pp. 52–55. **19** Ibid., p. 56.

Günther Domenig / Eilfried Huth: Forschungs- und Rechenzentrum (FRZ) Research and Computing Centre, Leoben, 1969–74; Originalzustand original state

Sanierung FRZ Leoben *Das Forschungs- und Rechenzentrum (FRZ) der Alpine Montangesellschaft in Leoben galt als ein Hauptwerk der Partnerschaft von Günther Domenig und Eilfried Huth. Nach einem Umbau zeigt sich das Gebäude heute völlig entstellt. Dazu Eilfried Huth:* ¶ „Es gibt noch schlimmere Beispiele, die aber alle auch eine bestimmte Ursache hatten. Man darf nicht vergessen, dass wir danach strebten, möglichst expressiv zu bauen, auch hinsichtlich der Materialien. Die Pädagogische Akademie in Graz-Eggenberg zum Beispiel ist ein reiner Sichtbetonbau, das ging so weit, dass wir selbst die Trennwände aus Beton, sprich Eternit, errichtet haben, obwohl das viel teurer war, als wenn wir sie normal verfliest hätten. Das FRZ in Leoben wiederum war ein Bau aus Corten-Stahl. Das zog viele Nachteile nach sich, die man heute aus bauphysikalischer Sicht nicht mehr in Kauf nehmen würde, abgesehen davon, dass bei bestimmten Materialien wie dem Eternit auch Asbest festgestellt worden ist. Die Unzulänglichkeiten haben stets zur Folge gehabt, dass die Erhaltungskosten groß waren. ¶ Beim FRZ in Leoben ist hinzugekommen, dass niemand mit dem Gebäude etwas hat anfangen können. Das FRZ ist zu einer Zeit entstanden, in der die beiden großen Stahlkonzerne, Voest und die Alpine Montangesellschaft, fusioniert wurden. Der Schwerpunkt der Betriebsführung hat sich nach Linz zur Voest verlagert. Somit war das Gebäude für die Linzer ein Erbe, das sie nicht wollten. So hat das Haus einige Zeit leer gestanden. Dann hat man es der Montanuniversität angeboten und die hätte natürlich investieren müssen, das Geld wurde ihr allerdings nicht sogleich zur Verfügung gestellt. Letztlich hat es dann ein Investor billig als „Schnäppchen" gekauft und eine Sanierung eingeleitet mit dem Ziel, das Gebäude der Montanuniversität zu übergeben (2008). Man hat mich mit eingebunden in diesen Prozess, um mich in der Folge scheibchenweise zu entmachten. Bei jeder Besprechung war wieder eine Kröte zu schlucken, kam wieder eine Horrormeldung, was man alles *nicht* machen kann. ¶ Im Entwurfsansatz des FRZ-Gebäudes war 1968 vorgesehen, später noch ein viertes Geschoss abhängen zu können, die Konstruktion war auch so angelegt worden, was aber – wenn realisiert, und das ist eben bei der Sanierung geschehen – die Proportion verändert, zum Nachteil. Es ist zwar funktionell in Ordnung, aber die Abhängung des vierten Geschosses war ein Punkt, der den meisten negativ aufgefallen ist. Die Sanierer sind eigentlich unschuldig – es war im Ursprungskonzept vorgesehen. ¶ Das Zweite war die Schrägstellung der Fenster sowie von deren Abdeckungen. Schon im Entwurf in den sechziger Jahren waren diese als Träger für Solarpaneele zur Sonnenenergiegewinnung vorgesehen – eine Technologie, die damals noch in den Kinderschuhen steckte. Bei der Sanierung hätte ich mir erhofft, dass jetzt, da die Solartechnologie weiter entwickelt ist, diese umgesetzt würde. Ich habe ja unzählige

Leoben
Gangoly & Kristiner
Generalsanierung
Hörsaalgebäude
Montanuniversität

Entlang der mittleren Mur, deren Wasser seit den zwanziger Jahren des vorigen Jahrhunderts zur Energiegewinnung genutzt wird, fahre ich zwei Tage später von Graz aus Richtung Leoben, ins Herz der Obersteiermark. Es ist Sonntag, die Stadt wirkt am frühen Nachmittag fast leergefegt. Weil die Universität heute geschlossen ist, nutze ich die Gelegenheit und unternehme eine Zeitreise in die Geschichte der Montanindustrie. Vorbei an der rauchenden Hütte Donawitz, die wie ein gewaltiger Stöpsel in den Flaschenhals des Tals geschoben zu sein scheint, geht es nach Norden, bis hinauf auf die Passhöhe des Präbichl, der die Eisenerzer Alpen vom Hochschwab trennt. Es ist neblig an diesen Wintertagen, ein wenig Schnee fällt, und so zeichnet sich der Erzberg nur schemenhaft ab: Natur, dem menschlichen Willen unterworfen – ökonomisches Kalkül und reinster Pragmatismus. Ich kann mich des Eindrucks kaum erwehren, es handle sich hier um Land Art in den größtmöglichen Dimensionen: Landschaften der postindustriellen Transformation verführen zur romantisierten Wahrnehmung. Der Erzberg thront über Eisenerz mit seinen einstigen Arbeiterkolonien, er beherrscht die sich stetig entvölkernde Stadt. Eisenerz hieß einst Innerberg, und es ist bezeichnend, dass der Ort schließlich auf den Namen des Bodenschatzes umgetauft wurde, dem er sein Entstehen verdankt. Auf dem Weg zurück halte ich kurz in Vordernberg, wo 1840 die „Steirisch-Ständische Montanlehranstalt" gegründet wurde, aus der die 1850 nach Leoben verlegte Bergakademie hervorging. Als ich abends um Viertel vor Neun ein historisches Restaurant am Hauptplatz von Leoben betrete, hat die Küche schon geschlossen. Eine Universitätsstadt stelle ich mir anders vor. ¶ Der Boom der Montanindustrie hatte 1889 eine gründerzeitliche Stadterweiterung nötig gemacht. Die Franz-Josef-Straße, für deren Anlage die Nordfront des Hauptplatzes durchbrochen wurde, avancierte zur neuen Entwicklungsachse. Sie führt auf den Turm der Gustav-Adolf-Kirche zu; dort schwenkt der Straßenzug nach Westen um und führt über die Brücke zum Bahnhof auf dem jenseitigen Murufer. Das neobarocke Hauptgebäude der Montanuniversität, der einstigen Bergakademie, entstand zwischen 1908 und 1910 unmittelbar an

Renovation of the FRZ Leoben

The Forschungs- und Rechenzentrum (FRZ) (Research and Computing Centre) of the Alpine Montangesellschaft in Leoben was considered a main work of the partnership between Günther Domenig and Eilfried Huth. After undergoing renovation, the building today looks completely disfigured. Here is what Eilfried Huth has to say about it: ¶ There are even worse examples which, however, all have a certain cause, too. One must not forget that we strove to build as expressively as possible, also in terms of materials. The Pädagogische Akademie in Graz-Eggenberg, as a construction example, is a pure exposed concrete building; it went to the point that we built dividing walls in concrete, that is, Eternit, although that was much more expensive than if we had normally tiled them. The FRZ in Leoben, on the other hand, was a Corten steel construction. This brought many disadvantages that would no longer be accepted today from a structural physics perspective, apart from the fact that asbestos was also detected in certain materials, such as the Eternit. These shortcomings have always resulted in high maintenance costs. ¶ What complicated matters at the FRZ Leoben was the fact that no one knew what to do with the building. The FRZ was built at a time when the two big steel companies, Voest and the Alpine Montangesellschaft, were merged. The main focus of company operations shifted to Voest in Linz. As a consequence, the building was a legacy that the people in Linz did not want. So the house stood empty for a time. Then it was offered to the Montanuniversität, and they naturally had to invest money into it; the money, however, was not given to them right away. In the end, an investor bought it at a "bargain price" and started a renovation with the goal of making it available to the Montanuniversität (2008). They then got me thoroughly involved in this process – in order to disempower me little by little afterwards. At every meeting there was another bitter pill to swallow; there was another horror story about what one cannot do. ¶ In the conceptual design of the FRZ building, the intention in 1968 was to add a fourth storey to it later on; the construction was also arranged in this way, which, however, – when carried out, and that is what happened during the reno-vation – changes the proportion, to its detriment. It was functionally alright, but the suspension of the fourth storey was a point most people had negatively noticed – actually, it is no fault of the renovators – it was foreseen in the original concept. ¶ The second thing was the slope of the windows, as well as their coverings. These had already been intended in the design in the Sixties to be holders for solar panels to produce solar energy, a technology still in its infancy back then. During the renovation, I would have hoped that now, since solar technology is further developed, this would be implemented. I made countless designs for it. Then

Günther Domenig / Eilfried Huth: Forschungs- und Rechenzentrum (FRZ) Research and Computing Centre, Leoben; Zustand nach Umbau State after renovation

Leoben
Gangoly & Kristiner
General Renovation of University Lecture Hall Building

Two days later I drive from Graz towards Leoben, along the middle stretch of the Mur, whose water has been used for generating energy since the Twenties, into the heart of Upper Styria. It is Sunday, early afternoon, and the city seems nearly empty. Because the university is closed today, I use the opportunity to take a time journey into the history of the mining industry. Past the smoky Donawitz Works, which appear to be like a huge cork pressed into the bottleneck of the valley, the road goes up north to the Präbichl Pass, which separates the Eisenerz Alps from the Hochschwab mountain range. It is foggy on these winter days, a little snow is falling, and only the outline of the Erzberg can be made out: nature, subjected to the will of man – economic calculation and pragmatism in its purest form. I can hardly avoid the impression that this is Land Art in the largest possible dimensions: landscapes of post-industrial transformation seduce me into romanticised perception. The Erzberg towers over Eisenerz and its former workers' colonies; it rules the continuously depopulating city. Eisenerz was once called Innerberg, and it is significant that this town was rechristened with the name of the natural resource it owes its existence to (Eisenerz – iron ore). On the way back I make a short stop in Vordernberg, where the "Steirisch-Ständische Montanlehranstalt" (Styrian Corporate School of Mining) was founded in 1840. The school was relocated to Leoben in 1850 and called the "Bergakademie" (Mining Academy). As I enter a historic restaurant on Leoben's Main Square at 8:45 p.m., the kitchen is already closed. I imagine a university city to be different. ¶ In 1889, the mining industry boom made a Gründerzeit city expansion necessary. The Franz-Josef-Straße, which broke open the north front of the Main Square to be laid out, evolved into a new developmental axis. Leading to the tower of the Gustav-Adolf Church, the street then swings to the west and follows across a bridge to the railway station on the other side of the Mur. The Neo-Baroque main building of the Montanuniversität (University of Leoben), the former Bergakademie, arose directly on Franz-

Entwürfe dazu angefertigt. Das ist dann der Kostenfrage wegen – ich glaube auch aus anderen Gründen, nämlich wegen der kurzen Frist der Realisierung – zum Opfer gefallen. Folglich war diese Schrägstellung plötzlich nicht mehr notwendig, man hat die Fassade begradigt und dazu noch das billigste, kostengünstigste Material als Ersatz gewählt. Bei der Farbgestaltung war dann auch ein Thema, dass man nicht genau die Farbe erreicht hat, die ich gerne gehabt hätte. ¶ Letztlich ist es bei jeder Besprechung weniger und weniger geworden und zum Schluss war die Kiste halt so, wie sie jetzt ist. Ich hab ein gewisses Verständnis dafür, weil die totale Erhaltung, die Neuformulierung der Fassade, wie sie ursprünglich bestand, eigentlich unrealistisch war. Ich glaube, dass bei vielen Projekten, die durch Umgestaltung verloren gehen, die heute eingeforderte Qualität bezüglich Bauphysik und Nachhaltigkeit nicht immer gegeben ist – sprich, dass sich so ein Gebäude einfach überlebt. Dass das Gebäude auch noch den Europäischen Stahlbaupreis 1975 gewonnen hatte, hat das Ganze natürlich noch konfliktreicher gemacht. Schließlich hat sich das Denkmalamt auch ein bisschen geziert; man hat nicht das Gebäude unter Denkmalschutz gestellt, sondern das Ensemble, das heißt das ganze Umfeld.“ ¶ *Auszug aus einem Gespräch, das Hannes Mayer mit Eilfried Huth am 3. Februar 2011 geführt hat.*

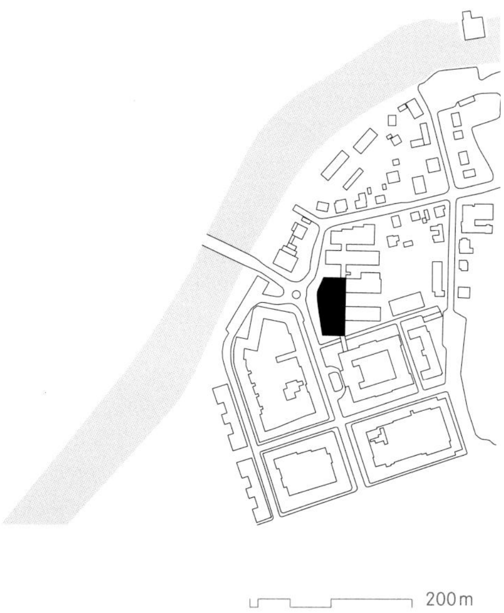

der Franz-Josef-Straße. In den sechziger Jahren wurde es nach Plänen eines Architektenteams unter Leitung von Karl Raimund Lorenz Richtung Norden um drei parallele Institutsbauten und ein zur Straße hin orientiertes Hörsaalgebäude erweitert, die untereinander und mit dem Hauptgebäude durch einen aufgeständerten Gang verbunden sind. Nach knapp 40 Jahren bedurfte das Ensemble nicht nur einer bauphysikalischen und technischen Erneuerung; es entsprach auch hinsichtlich seiner Raumorganisation und seines Raumangebots nicht mehr den Bedürfnissen der Universität. Die Sanierung von Bauten der sechziger und siebziger Jahre stellt ein wichtiges Thema der zeitgenössischen Architektur dar. Ein abschreckendes Beispiel findet sich in der Nachbarschaft: das völlig verunstaltete ehemalige Forschungs- und Rechenzentrum der Voest-Alpine von Günther Domenig und Eilfried Huth. ¶ Dass es auch ganz anders geht, bewiesen Gangoly & Kristiner bei ihrem Umbau für die Montanuniversität. Sie haben weder gegen den bestehenden Bau von Lorenz gekämpft, noch ihn mit banalen Materialien aus der heutigen Baustoffpalette traktiert, sondern sich auf seine Konstruktion, Struktur und Ästhetik eingelassen. Das wird eindrucksvoll in der Treppenhalle deutlich: Wie auch im Verbindungsgang wurden die Deckenverkleidungen entfernt, die Stahlbetonstruktur mit ihren Rippen und Unterzügen liegt offen zutage und wird in ihrem Purismus ästhetisch erfahrbar – deutlicher als jemals zuvor. Ein abgehängter dunkelroter Rahmen dient der akustischen Optimierung, unterstreicht aber zugleich die Geometrie des Raums und definiert ein Zentrum. Von „feierlich“ zu sprechen, wäre vielleicht etwas übertrieben, doch ein wenig lädt der Raum zum Innehalten ein. Mit subtilen Mitteln wurden die Qualitäten der Treppenhalle gestärkt, die jetzt deutlich mehr ist als ein Durchgangsraum. Ein breites Fenster im Obergeschoss trägt zur hellen und freundlichen Atmosphäre bei und erlaubt Ausblicke über den vorgelagerten Platz Richtung Bahnhof. ¶ Die Auditorien wurden grundlegend neu gestaltet; da die früheren Vorbereitungsräume nicht mehr nötig sind, konnte die Platzanzahl erhöht und die Ausrichtung des größeren der beiden Säle verändert werden. Ein zusätzlicher kleinerer Vorlesungssaal ist im Erdgeschoss neu entstanden. Eine Lattenverkleidung prägt den Innenraum des Auditorium Maximum, das von der Treppen-

it was cut because of costs, but I also believe for other reasons, namely the short time limit for realisation. Consequently, this slope was suddenly no longer necessary, the façade was straightened, and the cheapest material was chosen as a substitute. The choice of colours was also an issue; they did not exactly achieve the colour I would have liked to have. ¶ In the end, it increasingly got less during every meeting, and finally the crate simply ended up looking like it does now. I have a certain understanding for it, because the total preservation, the restructuring of the façade as it had originally existed, was actually unrealistic. With many of these projects that get lost in the shuffle through remodelling, I believe the quality demanded today in regard to structural physics and sustainability is still not given – in other words, that such a building simply survives. The fact that the building won the European Steel Construction Prize in 1975 naturally made the whole matter even more conflict-laden. Ultimately, the Landmark Preservation Office also made a fuss; the building was not listed under monument protection, but rather the ensemble, meaning the whole setting." ¶ *Excerpt from an interview with Eilfried Huth, conducted by Hannes Mayer on 3 February 2011.*

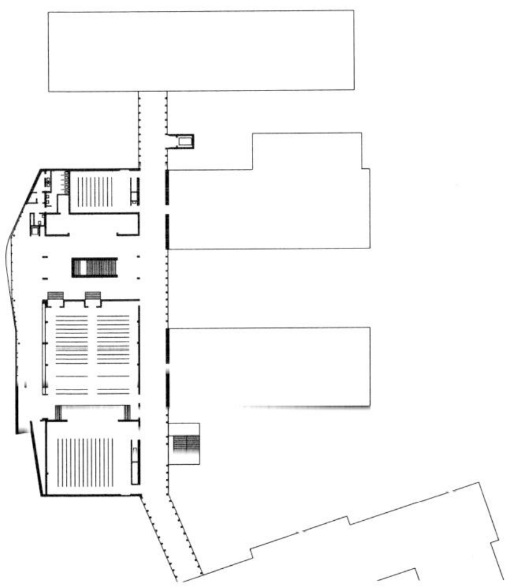

Obergeschoss
Upper floor

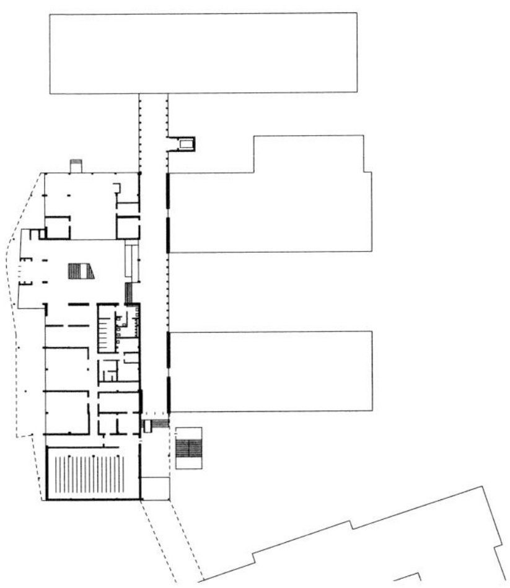

Erdgeschoss
Ground floor

50 m

Josef-Straße between 1908 and 1910. Three parallel institute buildings and a lecture building oriented towards the street were extended to the north according to the plans of a team of architects headed by Karl Raimund Lorenz. These buildings are connected to each other and to the main building by an elevated walkway. After 40 years, the ensemble not only needed a constructional and technical renovation, it no longer met the needs of the university in regard to its room organisation and its spatial capacity. The renovation of buildings from the Sixties and Seventies is an important topic in contemporary architecture. A chilling example is found right in the neighbourhood: the completely disfigured former Research and Computer Centre of the Voest-Alpine by Domenig and Huth. ¶ During their reconstruction of the University of Leoben, Gangoly & Kristiner proved that it can also be done in a completely different way. They neither fought against Lorenz's existing building, nor did they maltreat it with dull materials from today's range of building supplies, but rather let themselves get into its construction, structure and aesthetics. This becomes impressively obvious in the staircase hall: as in the connecting passage as well, the ceiling panels were removed; the steel-concrete structure, with its ribs and beams, lies openly exposed and is aesthetically tangible in its Purism – more distinctly than ever before. A suspended dark-red frame provides for acoustic optimisation, but at the same time underscores the geometry of the room and defines a centre. To speak of "ceremonious" would perhaps be a bit exaggerated, yet the room does invite one to stop and pause. The quality of the staircase hall, which is now clearly more than just a passage space, was enhanced with subtle means. A wide window on the upper storey adds to the bright and friendly atmosphere and allows views over the front plaza in the direction of the railway station. ¶ The auditoriums were essentially re-designed; because the earlier preparation rooms are no longer necessary, the number of seats could be increased and the alignment of the larger of the two halls changed. An additional smaller lecture hall has been newly built on the ground floor. A lattice cladding characterises the interior of the Auditorium Maximum, which can be accessed from the staircase hall and is connected

Die Prophezeiung des Wassermanns

Erzberg bei Eisenerz Erzberg at Eisenerz

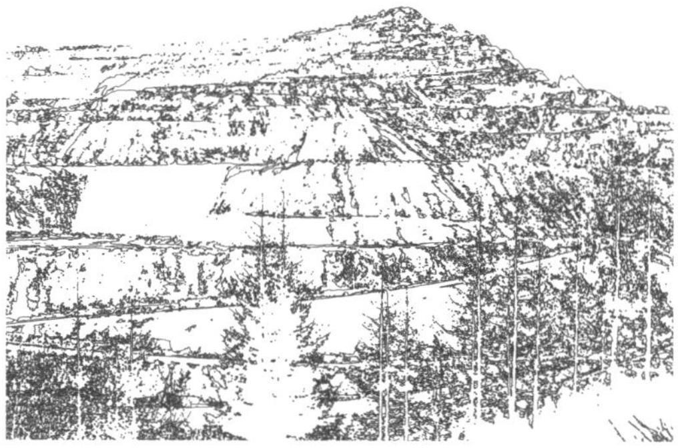

Vor langer Zeit, so erzählt es eine Volkssage, fingen die Männer der Umgebung von Innerberg – dem heutigen Eisenerz – mittels Alkohol und einem mit Pech bestrichenen Mantel den in der „Schwarzen Lacke", einer von Wasser durchflossenen Felsenhöhle, hausenden Wassermann. Wenn sie ihm die Freiheit wiedergäben, so der Gefangene, hätten sie die Wahl: „Ich biete euch Gold für zehn Jahr, Silber für 100 Jahr oder Eisen auf immerdar." Die Männer, offenkundig frühe Anhänger nachhaltigen Handelns, wählten zusammen mit dem unedlen Metall die langfristige Perspektive und der Wassermann zeigte auf den die Ansiedlung Innerberg überragenden bewaldeten Berg: Dort sei das Eisen zu finden. ¶ Man mag das „immerdar" in Frage stellen, aber zumindest seit dem Mittelalter wird am Erzberg Eisen abgebaut. Doch die Herausforderung bestand weniger im Ausbrechen des Erzes aus dem Berg als in der Verhüttung, also dem Ausschmelzen des Eisens. Zunächst nutzte man dafür Windöfen, dann menschenbetriebene Tretbälge, schließlich Frühformen der Hochöfen, sogenannte Radwerke, bei denen die Heißluft für das Anfachen der Holzkohlenglut mit Hilfe von Wasserrädern erzeugt wurde. In Innerberg nördlich des Präbichl-Passes und in Vordernberg südlich davon reihte sich Radwerk an Radwerk – Erz aus den niedrigeren Partien des Erzbergs wurde aufgrund eines Dekrets in Innerberg, das aus den höheren Regionen in Vordernberg geschmolzen. So sehr die entlegene Region der Obersteiermark auch von den Bodenschätzen profitierte: immer wieder ereilten Krisen die Montanwirtschaft. Rationalisierungs- und Konzentrationsprozesse bestimmten das 19. Jahrhundert: Belege dafür waren zunächst der Zusammenschluss der zuvor selbständig betriebenen Radwerke, dann die von Erzherzog Johann lancierte Gründung der bergmännischen Lehranstalt in Vordernberg 1840. Um mit der technischen Entwicklung mitzuhalten, bedurfte es einer spezialisierten Ausbildung; der Ingenieur ersetzte den Handwerker. ¶ Die letzten Radwerke wurden erst zu Beginn des 20. Jahrhunderts stillgelegt, doch die Zentralisierungstendenzen der Montanwirtschaft hatten schon 1881 zur Gründung der Oesterreichisch-Alpine Montangesellschaft (ÖAMG) geführt, zu der neben den steirischen Betrieben vor allem auch Industrieanlagen in Kärnten gehörten. Steinkohle, die mit der Eisenbahn aus Mähren herangeschafft werden konnte, revolutionierte die Verhüttungstechnik und machte den Schmelzprozess von den Gebirgsbächen unabhängig; die Verhüttung konzentrierte sich zunehmend auf das verkehrsgünstig gelegene Donawitz bei Leoben, wo 1891 der erste Kokshochofen in Betrieb genommen wurde. In den Zeiten des Ersten, vor allem des Zweiten Weltkriegs erlebte die Region aufgrund der Rüstungsindustrie – die ÖAMG war in die Reichswerke Hermann Göring eingegliedert worden – einen Aufschwung, welchem nach dem Zweiten Weltkrieg sukzessive der Nieder-

halle aus betreten wird und über eine Fensterfront mit dem Foyer verbunden ist. Bei diesem Foyer, als Stahlstruktur auf Stützen dem Bestandsgebäude vorangestellt, handelt es sich um die eigentliche bauliche Erweiterung. Der langgestreckte, in den Straßenraum sich ausbeulende Raum dient als Aufenthaltsbereich für die Studierenden, steht aber auch für Tagungen, Kongresse und Empfänge zur Verfügung, die parallel zum Universitätsbetrieb durchgeführt werden können. Die Atmosphäre ist angenehm, durchaus etwas herb, was gut zu den vorhandenen Gebäuden passt. Gangoly & Kristiner setzten auf dezente Farben, selbst das Karminrot der Stühle in den Hörsälen wirkt durch das Weiß und Grau der Wände und Böden gedämpft und alles andere als aufdringlich. ¶ Von außen gesehen verdeckt der geschwungene Vorbau die frühere Fassade des Auditoriumsgebäudes von Karl Raimund Lorenz. Kritik an der Ausrichtung des Bestandsgebäudes, das aus der Flucht der Franz-Josef-Straße flieht, hatte unter anderem 1983 Fritz Achleitner geübt. Tatsächlich besetzte Lorenz den Angelpunkt am Aufeinandertreffen der beiden Blickachsen nicht, sondern wich mit seinem Gebäude davor zurück. Insofern wirkt die Lösung von Gangoly & Kristiner plausibel, mit einer gekurvt vor das Gebäude tretenden neuen Raumschicht den Stadtraum an einem wichtigen Punkt zu akzentuieren. Eine Fassadenverkleidung aus mehrfach geknickten Lamellen soll zu einer dynamischen und – dank des Spiels von Licht und Schatten – plastischen Wahrnehmung des Gebäudes beitragen. Das funktioniert beim Blick aus der Franz-Josef-Straße dank der Schrägsicht recht gut, weniger überzeugend hingegen, wenn man sich vom Bahnhof aus nähert und frontal auf das Gebäude zugeht. Vermutlich hätte ein engerer Rhythmus der Lamellen, der am Ende dem Sparzwang zum Opfer fiel, die Wirkung verstärkt. Ich frage mich aber grundsätzlich, ob die expressive Ausformulierung der Ecksituation nicht im Widerspruch zu der zurückhaltenden Herangehensweise steht, mit der Gangoly & Kristiner im Inneren aufwarten. Die gezackten Lamellen, die gekrümmte Fassade, das erkerartig auskragende Foyerende, die ausgreifende Fluchttreppe: Mir ist nicht ganz verständlich, warum hier soviel an formalem Aufwand betrieben wird, wo es sich doch eigentlich um einen Umbau mit einer relativ bescheidenen Erweiterung handelt. Grundsätzlich spräche

The Prophecy of the Aquarius

Long ago, as the legend goes, the men of Innerberg – today known as Eisenerz – captured the Aquarius who lived in a water-filled rock cave called the "Black Puddle" with the help of alcohol and a pitch-coated cloak. If they gave him freedom again, the prisoner said, they would have the choice: "I offer you gold for ten years, silver for 100 years or iron forever". Obviously early proponents of sustainable development, the men chose the long-term perspective of the non-precious metal, and the Aquarius pointed to the wooded mountain towering above the settlement of Innerberg: The iron is to be found there. ¶ One can question the sense of "forever", but iron has been mined from Erzberg at least since the Middle Ages. The major challenge was not breaking the ore out of the mountain, but smelting the iron. Air ovens were initially used for this purpose, then man-powered tread bellows, and, finally, early forms of charcoal smelting furnaces, so-called "Radwerke", which created the hot air by fanning the charcoal embers with the help of water wheels. In Innerberg, north of the Präbichl Pass, and in Vordernberg to the south of it, these furnaces were lined up one after the other – by virtue of a decree, the ore from the lower parts of Erzberg were smelted in Innerberg, the ore from the higher regions in Vordernberg. As much as the remote region in Upper Styria also profited from the mineral resources, crises repeatedly rocked the mining economy. Rationalisation and concentration processes characterised the 19th century. Proof of this was, firstly, the consolidation of the furnaces that had previously been operated independently, then the opening of a mining school in Vordernberg, which was initiated by Archduke Johann in 1840. In order to keep pace with the technical development, specialised training was necessary: The engineer replaced the craftsman. ¶ The last "Radwerk" furnaces closed down at the beginning of the 20th century, yet the centralisation tendencies of the mining industry had already led in 1881 to the founding of the Oesterreichisch-Alpine Montangesellschaft (ÖAMG), which also owned industrial plants in Carinthia, in addition to the Styrian companies. Hard coal that could be transported by railway from Moravia revolutionised smelting technology and made the smelting process independent of the mountain streams; smelting operations were increasingly concentrated in the more accessible town of Donawitz near Leoben, where the first coke blast furnace went into operation in 1891. During the First World War, but particularly during the Second World War, the region experienced a boom due to the armaments industry – the ÖAMG was incorporated into the Reichswerke Hermann Göring. After the Second World War, the downfall successively followed. This hit Eisenerz, which lies north of the Präbichl Pass, much harder than the area around Leoben. Following the fusion of ÖAMG

Radwerk IV Furnace in Vordernberg, 1846

over a window wall to the foyer. Placed in front of the existing building as a steel structure on supports, it is the actual structural extension. Bulging into the street space, the elongated room serves as a lounge area for the students, but is also available for conferences and conventions that can be held alongside normal university operations. The atmosphere is pleasant, definitely somewhat austere, which fits well to the existing buildings. The architects rely on subtle colours; even the carmine colour of the seats in the lecture halls appears subdued and anything but loud through the white and grey of the walls and floors. ¶ Seen from the outside, the contoured front building conceals the earlier façade of the auditorium building by Lorenz. Criticism of the existing building's orientation, which slopes from the line of Franz Josef Straße, was levelled, amongst others, by Achleitner in 1983. In effect, Lorenz did not occupy the pivot point at the meeting of both sight lines, but drew back from it with his buildings. Insofar, Gangoly & Kristiner's solution appears plausible, accentuating the urban space at an important point with a curved, new layer of space emerging in front of the building. A façade cladding made out of multiply bent ribs should contribute to a dynamic and – thanks to the play of light and shadow – plastic awareness of the building. This functions quite well when looking at it from Franz-Josef-Straße, thanks to the slanted view, but less convincingly if one approaches it from the railway station. A tighter rhythm of the ribs, axed in the end for cost reasons, would have presumably heightened the impact. However, I basically wonder if the expressive formulation of the corner situation does not contradict the reserved approach Gangoly & Kristiner put forward in the interior rooms. The jagged ribs; the arched façade; the bay-like overhanging foyer end; the protruding emergency stairs: I don't quite understand why so much formal effort is being made here, where it essentially is a reconstruction with a relatively modest extension. In principle, nothing would speak against such a façade if the elements then continued in the interior and explicated in this manner. However, in this way they more or less remain application. Notwithstanding: the preoccupation with architecture of the Sixties is exemplary. And this is to be rightfully acknowledged.

gang folgte. Dieser betrifft das nördlich des Präbichlpasses gelegene Eisenerz stärker als das Gebiet um Leoben; die Hütte Donawitz konzentrierte sich nach der Fusion von ÖAMG und Voest zur Voest-Alpine AG 1973 auf die Fertigung von Profilen, Schienen und Draht und gilt heute als größte Schienenfabrik Europas. ¶ Eine Fahrt von Leoben nach Eisenerz kann gleichsam als Zeitreise durch die Geschichte der die Landschaft ebenso zerstörenden wie prägenden Montanindustrie verstanden werden: Vorbei an dem kilometerlangen Werksgelände der Hütte Donawitz geht es nach Vordernberg, wo mit dem als Museum erhaltenen, klassizistisch verkleideten Radwerk IV ein historisches Zeugnis der früheren Verhüttungstechnik ins Auge fällt. Vom 1230 Meter hohen Präbichlpass aus – ein Denkmal erinnert an das Massaker, das die einheimische Bevölkerung kurz vor Ende des Zweiten Weltkriegs an durchziehenden ungarischen Juden verübte – fällt der Blick auf den seit dem ausgehenden 19. Jahrhundert in Terrassen geformten Erzberg, der wie eine gigantische Stufenpyramide das Eisenerzer Tal beherrscht und in ähnlicher Weise zu beeindrucken vermag wie die von Franz Eigner im Auftrag der Bundesstraßenverwaltung geplante Nordrampe der Präbichl-Passstraße aus den Jahren 1968 bis 1971,[1] die mit Talbrücken und Viadukten atemberaubend über den bewaldeten Hang geführt ist. Auf einer Länge von 6.400 Metern überwindet die Straße 440 Höhenmeter. 1981 erhielt die Straße das Geramb-Dankzeichen des Vereins „Heimatschutz in der Steiermark“; die Jury sprach von einer „technisch ausgereifte[n], kühn anmutende[n] Bewältigung eines außerordentlich schwierigen Straßenbau- und Trassierungsproblems; die Landschaft, in der sich seit historischer Zeit elementare und vom Menschen überformte Natur kontrapunktisch gegenüberstehen, erfuhr durch dieses Bauwerk eine Steigerung ihrer Charakteristik“.[2] ¶ Die Siedlungsstruktur von Eisenerz, das als Marktort allein von der Montanwirtschaft lebte und erst 1948 Stadtrecht erhielt, exemplifiziert den Niedergang der wirtschaftlichen Grundlage. Während im Erzberg früher 4000 Beschäftigte tätig waren, sind es heute gerade noch 200; die Einwohnerzahl, die 1956 12.700 Personen betrug, hat Anfang 2011 die Marke von 5000 unterschritten. Nicht ohne Grund wird Eisenerz in einer weltweiten Übersicht als Paradigma einer Shrinking City angeführt und gilt als nationaler Problemfall.[3] Der Ausbau der touristischen Infrastruktur hat bislang genauso wenig zu einer gegenläufigen Entwicklung beigetragen wie die Hoffnung, dass angesichts der weltweit steigenden Nachfrage nach Stahl der Abbau des Siderits am Erzberg in großem Maßstab wieder rentabel werden könnte. Die Prophezeiung des Wassermanns ist an ihr Ende gelangt.

Blick von Eisenerz auf die Nordrampe der Präbichl-Passstraße
View from Eisenerz to Präbichl Pass road, north ramp, 1968–71

gegen eine solche Fassade nichts, wenn sich die Elemente denn im Inneren fortsetzten und auf diese Weise erklärten. So aber bleiben sie mehr oder minder Applikation. Dennoch: Die Auseinandersetzung mit der Architektur der sechziger Jahre ist vorbildlich. Dafür eine Anerkennung.

1 Friedrich Achleitner, *Österreichische Architektur im 20. Jahrhundert, Bd. 2: Kärnten, Steiermark, Burgenland*, Salzburg 1983, S. 177. **2** *Geramb-Dankzeichen für gutes Bauen* 1981, Graz 1981, S. 38. **3** Philipp Oswalt / Tim Rienets (Hg.), *Atlas of Shrinking Cities*, Ostfildern 2006, S. 81.

and Voest into the Voest-Alpine AG in 1973, the Donawitz Works concentrated on the manufacturing of profiles, rails and wire, and is the largest rail factory in Europe today. ¶ A trip from Leoben to Eisenerz can also be regarded as a time journey through the history of the mining industry, which has characterized as well as destroyed the landscape. Passing by the kilometre-long Donawitz Works, the road leads to Vordernberg, where a historic testimony to the earlier smelting technology stands in the form of the Classistic "Radwerk IV", which has been preserved as a museum. From the 1230-metre-high Präbichl Pass – a monument commemorates the massacre of Hungarian Jews committed by the local population shortly before the end of the Second World War – the view falls upon the terrace-shaped Erzberg, which has been carved out since the end of the 19th century and dominates the Eisenerz Valley like a giant step pyramid. Similarly striking is the north ramp of the Präbichl Pass road, planned by Franz Eigner on the behalf of the Federal Road Administration and constructed from 1968 to 1971,[1] whose bridges and viaducts breathtakingly wind over a wooded mountain slope. The road climbs 440 metres uphill along a length of 6,400 metres. In 1981, the road received the Geramb Award for Good Design from the Styrian Preservation Association. The jury spoke of a "technically sophisticated, bold overcoming of an extraordinarily difficult road construction and routing problem; the landscape, in which the elementary natural elements and those formed by humans have contrapuntally opposed each other since history began, experienced an enhancement of its character through this construction".[2] ¶ The settlement structure of Eisenerz, a market town which lived from the mining industry alone and first received a town charter in 1940, exemplifies the demise of the economic base. While more than 4000 people were employed in Erzberg earlier, today there are around 200. The number of inhabitants, which amounted to 12,700 in 1956, fell below 5000 at the beginning of 2011. Thus, Eisenerz has become a worldwide paradigm of a shrinking city and is considered to be a national problem case.[3] Up to now, the expansion of the touristic infrastructure has contributed just as little to a counter-development as has the hope that the rising worldwide demand for steel could make the large-scale mining of siderite on the Erzberg viable again. The prophecy of the Aquarius has come to an end.

1 Friedrich Achleitner, *Österreichische Architektur im 20. Jahrhundert. Band 2: Kärnten, Steiermark, Burgenland*, Salzburg 1983, p. 177. **2** *Geramb-Dankzeichen für gutes Bauen* 1981, Graz 1981, p. 38. **3** Philipp Oswalt / Tim Rienets (eds.), *Atlas of Shrinking Cities*, Ostfildern 2006, p. 81.

Von der „Grazer Schule" zur „New Graz Architecture"

1965 blickte Friedrich Achleitner im Auftrag der Zeitschrift *Bauen + Wohnen* auf die ersten zwei Dekaden österreichischer Nachkriegsarchitektur zurück.[1] In seiner knappen tour d'horizon konzentrierte sich der Autor vornehmlich auf Wien und stellte zunächst Roland Rainer vor, der mit seinen Bauten, aber auch seinen theoretischen Schriften „den größten Beitrag zu der Verwandlung der architektonischen Situation"[2] leiste, um dann Wolfgang und Traude Windbrechtinger – deren Volkshaus Kapfenberg erwähnt wird – sowie Karl Schwanzer zu streifen und schließlich den Einfluss von Konrad Wachsmanns Salzburger Sommerseminaren zu thematisieren, insbesondere auf die Arbeitsgruppe 4, aber auch auf Johann Georg Gsteu, Ottokar Uhl und Hans Hollein. Von der Wiener Situation setzt Achleitner eine „andere, gemeinsamere Tendenz ... bei den jüngeren Exponenten von Graz" ab. Angeführt werden die Arbeiten der Werkgruppe Graz, bei denen der Versuch unternommen werde, „durch stark differenzierte Agglomerationen von Innenräumen zu großzügig gefaßten Außenräumen zu kommen". Allerdings sei Domenig / Huth mit der im Bau begriffenen Pädagogischen Akademie Graz-Eggenberg „der reinste Entwurf nach diesem gestalterischen Prinzip" gelungen.[3] Auch wenn sich noch alles in einem „Gärungsprozeß" befinde, werde durch eine jüngere Generation Architektur nach „einer längeren Bewußtlosigkeit" in Österreich wieder zum Thema.[4] ¶ Zwei Jahre später widmete sich Achleitner in einem umfangreicheren Aufsatz, der auf dem Beitrag von 1965 fußt, erneut der Thematik der österreichischen Nachkriegsarchitektur.[5] Erwähnung findet jetzt auch der „humane Funktionalismus" von Ferdinand Schuster, wobei insbesondere das Fernheizwerk Graz und die Kindergärten in Kapfenberg und Leoben hervorgehoben werden;[6] demgegenüber werden die Werkgruppe Graz sowie die Planungsgruppe Domenig / Huth unter dem Stichwort „erweiterter Funktionalismus" behandelt[7] – aus der jüngsten Produktion von Domenig / Huth diskutiert Achleitner insbesondere das Überbauungsprojekt für die Ragnitz. Weiter unten im Text fällt erstmals der Begriff „Grazer Schule" – allerdings nicht im Zusammenhang mit der Werkgruppe oder den Arbeiten von Domenig / Huth, sondern im Abschnitt „Super-Funktionalismus und Gegenströmung". Dabei bezieht sich der Autor auf „jene Gruppe von Architekten und Studenten, die mit der Grazer Technischen Hochschule verbunden ist". Explizit erwähnt er lediglich Bernhard Hafner und zitiert aus einem als paradigmatisch verstandenen Text zu dessen Ausstellung *Struktureller Städtebau* im Forum Stadtpark 1966: „Damit ist das Anliegen der Kunst nicht mehr das Interpretieren von Wirklichkeiten, sondern das Erzeugen, Hervorrufen von Realitäten selbst, Realitäten, die ein unerhört erweitertes Bewußtsein, neue Bewußtseinsschichten erfassen ... Architekturen – noch so spezifisch und persönlichkeitsbezogen – werden auf ein gesamtheit-

Niklasdorf
POPPE*PREHAL
Verwaltungsgebäude und Logistikzentrum Eine Welt Handel AG

Von Leoben nach Niklasdorf ist der Weg nicht weit. Tankstellen, Gewerbeparks, Lagerhallen, Industriebrachen säumen die Straße und eigentlich hat man im von Infrastrukturachsen durchfurchten und zersiedelten Murtal nicht das Gefühl, eine Ortsgrenze überwunden zu haben. Fast ist auch schon das Ende von Niklasdorf erreicht, als eine weitere Lagerhalle in den Blick gerät. Die Dimensionen sind gewaltig, das Gebäude, in West-Ost-Richtung orientiert, erstreckt sich zwischen Bahnlinie und Bundesstraße. Doch hier steht keine der Trapezblechboxen, die immer dann errichtet werden, wenn es gilt, gestapelte Waren mit einer möglichst billigen Hülle zu umgeben. Der Halle in Niklasdorf sieht man ihre architektonische Ambition an: Sie ist mit gehobelten Lärchenholzbrettern verkleidet, ihre Straßenfassade zeigt sich gegliedert. Die geknickte Front springt zurück, so dass unter einem Vordach Platz bleibt für eine LKW-Einfahrt; hinter einer verglasten Fensterfront wird ein Verkaufsgeschäft erkennbar, darüber befinden sich Büros, belichtet durch ein Fensterband. Diese Lagerhalle ist kein hermetisches Objekt, das sich der Umgebung verweigert; sie sucht den Kontakt zur Öffentlichkeit, ist zugleich Schaufenster und Vitrine. Eine Welt Handel AG lese ich in Versalien auf den Scheiben. ¶ Wäre Karl Pirsch, der im Baustoffhandel begann, bei seiner ursprünglichen Profession geblieben, so würde er heute vielleicht in einer banalen Lagerhalle arbeiten, wie sie allerorten zu finden ist. In den achtziger Jahren war Kaffee aus Nicaragua ein Vorbote der Fair-Trade-Bewegung, und als Pirsch sich bewusst wurde, dass nur 0,2 Prozent des weltweit gehandelten Kaffees aus fairem Anbau stammte, beschloss er, seinen bisherigen Beruf zu verlassen. Zunächst verkaufte er Kaffee auf Gemeindebasaren und Alternativmärkten. Moralisch war er auf der richtigen Seite – doch wenn man wirklich etwas bewegen wolle, so wurde ihm bewusst, dann müsse er es im großen Stil tun.

1 Friedrich Achleitner, „Entwicklung und Situation der österreichischen Architektur seit 1945", in: *Bauen + Wohnen*, 1965, S. 339 – 343. **2** Ebd., S. 339. **3** Ebd., S. 341. **4** Ebd., S. 343. **5** Friedrich Achleitner, „Aufforderung zum Vertrauen. Architektur seit 1945" [1967], in: Az W (Hg.), *The Austrian Phenomenon. Architektur Avantgarde Österreich 1956 – 1973*, Basel u.a. 2010, S. 846 – 854. **6** Ebd., S. 850. **7** Ebd., S. 852.

From the "Graz School" to "New Graz Architecture"

On behalf of the magazine *Bauen+Wohnen*, Friedrich Achleitner looked back upon the first two decades of Austrian post-war architecture in 1965.[1] In his brief tour d'horizon, the author primarily concentrated on Vienna and first introduced Roland Rainer, who makes "the biggest contribution to the transformation of the architectonic situation"[2] with his buildings and his theoretical writings. Achleitner then points to Wolfgang and Traude Windbrechtinger – making a passing mention of their Volkshaus Kapfenberg (Community Centre in Kapfenberg) – as well as Karl Schwanzer, before finally addressing the influence of Konrad Wachsmann's Salzburg Summer Academy seminars not only on Arbeitsgruppe 4, but also on Johann Georg Gsteu, Ottokar Uhl and Hans Hollein. Achleitner contrasts the situation in Vienna with "a different, more collective tendency … of the younger exponents of Graz". He cites the works of the Werkgruppe Graz, who make the attempt "to come to generously composed outdoor spaces through strongly differentiated agglomerations of interior spaces". However, Domenig / Huth have succeeded in "the purest design according to this design principle" with their Pädagogische Akademie in Graz-Eggenberg, which was under construction at that time.[3] Although everything is still in a "fermentation process", architecture in Austria, "after a longer period of unconsciousness", will again become a topic through a younger generation of architects.[4] ¶ Two years later, Achleitner again focussed on the topic of Austrian post-war architecture in a more comprehensive essay based on the piece from 1965.[5] Ferdinand Schuster's "human functionalism" is now also mentioned, especially the Fernheizwerk Graz (District Heating Plant) and the nursery schools in Kapfenberg and Leoben.[6] In comparison, the Werkgruppe Graz and the Planungsgruppe Domenig / Huth come under the heading of "extended functionalism".[7] Of the latest productions of Domenig / Huth, Achleitner particularly discusses the project for Ragnitz. Further below in the text, the term "Graz School" is used for the first time – not in connection with the Werkgruppe or the works of Domenig / Huth, but in the section entitled "Super Functionalism and Cross-Currents". The author refers to "that group of architects and students associated with the Technical University of Graz". He only explicitly refers to Bernhard Hafner and quotes one of the paradigmatic texts from his *Struktureller Städtebau* (Structural Urban Construction) exhibition held in Forum Stadtpark in 1966: "The concern of art is no longer the interpreting of realities, but the creation, the evocation of realities themselves, realities that comprehend an incredibly expanded consciousness, new layers of consciousness … architectures – still so specific and personality-related – will be projected onto a holistic structural net and subjected to the community of wholeness …

1 Friedrich Achleitner, "Entwicklung und Situation der österreichischen Architektur seit 1945", in: *Bauen+Wohnen*, 1965, pp. 339–343. 2 Ibid., p. 339. 3 Ibid., p. 341. 4 Ibid., p. 343. 5 Friedrich Achleitner, "Aufforderung zum Vertrauen. Architektur seit 1945" [1967], in: Az W (Pub.), *The Austrian Phenomenon. Architektur Avantgarde Österreich 1956–1973*, Basel et al. 2010, pp. 846–854. 6 Ibid., p. 850. 7 Ibid., p. 852.

Niklasdorf
POPPE*PREHAL
Administration Building and Logistics Centre Eine Welt Handel AG

The way from Leoben to Niklasdorf is not far. Petrol stations, business parks, warehouses and industrial ruins line the road. In the Mur valley, which is rutted and scattered with infrastructure axes, one actually does not have the feeling of having crossed a town border. I have nearly reached the end of Niklasdorf when another warehouse comes into view. The dimensions are enormous – oriented in a west-east direction, the building stretches between the railway line and the main road. But here are none of the trapezoidal plate boxes that are always built when stacked goods are to be enclosed with the cheapest possible cover. One recognises the architectonic ambition of the hall in Niklasdorf: It is clad with planed larch wood boards; its street façade appears structured. The buckled front is set back so that space under a canopied plaza remains for a lorry entrance; a retail shop is visible behind a glazed window wall; offices are situated above it behind a window band. This warehouse is no hermetic object that denies the surroundings; it seeks contact to the public, it is a shop window and a show case at the same time. I read Eine Welt Handel AG in capital letters on the window pane. ¶ If Karl Pirsch, who started in the building materials trade, had remained in his original profession, he would perhaps be working today in a mundane warehouse that is everywhere to be found. In the Eighties, coffee from Nicaragua was a harbinger of the Fair Trade movement, and as Pirsch became aware that only 0.2 percent of the coffee traded worldwide originated from fair farming, he decided to give up his occupation. First he sold coffee at community bazaars and alternative markets. He was morally in the right – but if he really wanted to get something moving, he realised that it would have to be done on a large scale. Thus, the idealist, laughed at a little bit by friends

liches Strukturennetz projiziert und der Gemeinschaft der Gesamtheit unterworfen ... Die Architektur des Gesamten ist wichtiger als Architekturen; so wird Architektur URBANE ARCHITEKTUR, vorerst Ausdruck des Bedarfes und der Geistigkeit der Gesellschaft, der Spannung zwischen persönlicher Freiheit – kollektiver Abhängigkeit, Individualwille – und kommunalem Erfordernis.“[8] ¶ Bernhard Hafner, zu dieser Zeit schon in Los Angeles tätig, war es auch, dem die Gastredaktion des weitere zwei Jahre später erscheinenden Graz-Hefts der Zeitschrift *Bau* oblag, das den Titel *Neue Konzeptionen aus Graz* trug[9] und Architektur- und Städtebauprojekte versammelte, die zwischen 1963 und 1968 an der TH Graz entstanden und unter anderem im Rahmen der Kapfenberger Kulturtage 1965 sowie der Ausstellung *Struktureller Städtebau* 1966 in Graz der Öffentlichkeit vorgestellt worden waren. In seinem Vorwort bilanzierte Hafner die vergangenen Grazer Jahre und erwähnte mit subtil-kritischem Unterton das Projekt Ragnitz, „das fundamentales Material der Ausstellung *Struktureller Städtebau* formal interpretierte“.[10] Durch die Abwanderung vieler der früheren Studenten habe die „Situation ‚Graz‘ ... sich immer stärker aufgelöst“. Hatte Achleitner die „Grazer Schule“ gerade erst entdeckt, so war sie Hafner zufolge 1969 mithin schon an ihr Ende gekommen. ¶ Dennoch sollte der von Achleitner eher beiläufig in die Diskussion eingeschleuste Begriff der „Grazer Schule“ Karriere machen – wenn auch mit gehöriger Verspätung. Die Ausstellung *Architektur aus Graz* im Grazer Künstlerhaus versammelte 1981 Arbeiten von mehr als 50 Architekten und Studierenden.[11] In seinem Vorwort betonte wiederum Friedrich Achleitner im Gegensatz zur Wiener Situation die „Antiposition zu einem wie immer gearteten tradierten Architekturbegriff“ als Merkmal für den Aufbruch der sechziger Jahre in Graz. Dies habe sich in den utopischen urbanistischen Entwürfen ebenso gezeigt wie im baulichen Bereich, wo man zunächst den „Schweizer Gegenströmungen gegen den modernen Akademismus“[12] (Walter M. Förderer, Christian Hunziker) gefolgt sei. Die Ausstellung zeige nun die Genealogie der weiteren Entwicklung, die durch Partizipationsmodelle und Impulse aus der ökologischen Diskussion geprägt sei. Für Achleitner bleibt das Experimentelle weiterhin für Graz prägend: „Graz hat sich, um es paradox auszudrücken, als Schule das Antischulische bewahrt.“ Und er kommt zu dem Schluss, die Grazer Architektur habe „ihre heroische Phase noch nicht hinter sich“.[13] Im Gegensatz zur früheren Verwendung ist der Begriff der „Grazer Schule“nun viel weiter gefasst, bezieht sich auf die Gesamtsituation seit den sechziger Jahren und inkorporiert – wie Achleitner ausführt – selbst Bauten wie das Gemeindezentrum von Kapfhammer & Wegan in Graz-Kroisbach (1969 – 74) oder St. Christoph von Robert Kramreiter in Graz-Thondorf (1962 – 64).[14] ¶ Weit wirkmächtiger indes als *Architektur aus Graz* war eine Ausstellung im Forum Stadtpark 1984, welche anschließend als Wander-

8 Ebd., S. 853f. **9** *Bau*, Jg. 24/1969, H. 4/5. **10** Ebd., S. 26. **11** Zentralvereinigung der Architekten – Landesverband Steiermark (Hg.), *Architektur aus Graz*, Ausst.Kat., Graz 1981. **12** Friedrich Achleitner, „Mit und gegen Hauberrisser? Einige Behauptungen zur ‚Grazer Schule‘“, in: ebd., S. 6f., hier S. 6. **13** Ebd., S. 7. **14** Vgl. Friedrich Achleitner, *Österreichische Architektur im 20. Jahrhundert. Band 2: Kärnten, Steiermark, Burgenland*, Salzburg 1983, S. 349, 354; vgl. auch die Ausführungen über die „Grazer Schule“ in der Einleitung zur Stadt Graz, ebd. S. 342.

So gründete der von Freunden und Bekannten ein wenig belächelte Idealist mit einem Startkapital von 5.000 Schilling den Eine Welt Handel, der später mit Hilfe von Kleinaktionären in eine Aktiengesellschaft umgewandelt wurde. Pirsch reiste direkt zu den Produzenten, baute in verschiedenen Ländern Netzwerke auf, bot faire Arbeitsbedingungen an, optimierte die Vertriebswege. Korbwaren wurden seine eigentliche Domäne, die unter anderem in Sri Lanka, aber auch von Romas in Serbien hergestellt werden. Heute ist die Eine Welt Handel AG Europas größter Importeur von fair gehandelten Korbwaren und verschafft 3.500 Menschen in verschiedenen Ländern der Welt sichere und beständige Arbeitsplätze und ein gutes Einkommen. Pirsch hat es durch ein professionelles Management und Marketing geschafft, Fair Trade außerhalb der Öko- und Alternativszene gesellschaftsfähig zu machen, und so kaufen beispielsweise auch Supermarktketten bei ihm ein, die analysiert haben, dass sich der Verkauf von Käse um 20 Prozent steigern lässt, wenn man ihn in Körben präsentiert. ¶ Über die Jahre ist das Unternehmen stetig gewachsen. In den neunziger Jahren war die Eine Welt Handel AG schon einmal am Bahnhof Niklasdorf ansässig; das Büro befand sich seinerzeit in einem ausrangierten Eisenbahnwaggon. Dann bezog man ein früheres Lagergebäude der Gösser Brauerei in Leoben, um schließlich, als auch dort der Platz knapp wurde, nach Niklasdorf zurückzukehren. Der Bahnanschluss war das Hauptargument, denn 90 Prozent der Waren werden von Seehäfen wie Hamburg via Container in die Steiermark verfrachtet. Es ist nur als Glücksfall zu werten, dass Karl Pirsch, der sich eigenen Aussagen zufolge in der Architekturszene wenig auskennt, auf die richtigen Architekten stieß: In Zusammenarbeit mit der Holzbaufirma Obermayr entwickelte das in Steyr ansässige Architekturbüro POPPE*PREHAL das erste dem Passivhausstandard folgende Holzmodulbausystem für Gewerbe- und Industriebauten, das auf den

The architecture of the whole is more important than architectures; architecture thus becomes URBAN ARCHITECTURE, the expression of the need and intellectuality of the society for the moment, the tension between personal freedom – collective independence, individual will – and communal exigency".[8] ¶ Already active in Los Angeles at that time, Bernhard Hafner was the guest editor of the special Graz issue of the magazine *Bau*, which was titled *Neue Konzeptionen aus Graz* (New Conceptions from Graz)[9] and appeared in 1969. This special issue examined architecture and urban construction projects which had originated from the Technical University in Graz between 1963 and 1968 and had been presented to the Graz public in the scope of the Kapfenberger Kulturtage (Kapfenberg Cultural Festival) in 1965 and at the *Struktureller Städtebau* exhibition in 1966. In his preface, Hafner summed up the preceding years in Graz and, in a subtle-critical undertone, mentioned the Ragnitz project "which formally interpreted the fundamental material of the *Struktureller Städtebau* exhibition".[10] Through the exodus of many of the earlier students the "'Graz' situation ... has dissolved even more strongly". Although Achleitner had only just discovered the "Graz School", according to Hafner it had already come to an end by 1969. ¶ Nevertheless, the term "Graz School", which Achleitner rather casually smuggled into the discussion, was to make a career – although with considerable delay. The *Architektur aus Graz* (Architecture from Graz) exhibition at the Graz Künstlerhaus in 1981 gathered works from more than 50 architects and students.[11] In his preface, Friedrich Achleitner again stressed "the anti-position to an always well-mannered, traditional definition of architecture" as a feature of the Sixties awakening in Graz that contrasted to the situation in Vienna. This is manifested in the utopian urbanistic designs, as well as in the construction field, which initially followed the Swiss counter movements against modern academicism"[12] (Förderer, Hunziker). The exhibition now shows the genealogy of the further development that is shaped by participatory models and impulses from the ecological discourse. For Achleitner, the experimental realm continues to remain formative for Graz: "To express it paradoxically, as a school, Graz has retained its anti-scholastic attitude". Then he comes to the conclusion that Graz architecture "has not passed its heroic phase yet".[13] In contrast to earlier use, the term "Graz School" is now much wider subsumed to refer to the overall situation since the Sixties and even incorporates – as Achleitner explains – buildings such as the community centre by Kapfhammer & Wegan in Graz-Kroisbach (1969–74) or St. Christoph by Robert Kramreiter in Graz-Thondorf (1962–64).[14] ¶ Much more influential than *Architektur aus Graz* was an exhibition in Forum Stadtpark in 1984 that subsequently travelled around the world as a touring exhibition and estab-

8 Ibid., pp. 853–55. **9** *Bau*, vol. 24/1969, no. 4/5. **10** Ibid., p. 26. **11** Zentralvereinigung der Architekten – Landesverband Steiermark (Pub.), *Architektur aus Graz* (exh. cat.), Graz 1981. **12** Friedrich Achleitner, "Mit und gegen Hauberrisser? Einige Behauptungen zur 'Grazer Schule'", in: ibid., pp. 6–8, here p. 6. **13** Ibid., p. 7. **14** Cf. Friedrich Achleitner, *Österreichische Architektur im 20. Jahrhundert, Band 2: Kärnten, Steiermark, Burgenland*, Salzburg 1983, pp. 349, 354; also compare the remarks about the "Graz School" in the introduction to the city of Graz, ibid., p. 342.

and acquaintances, founded Eine Welt Handel with a starting capital of 5,000 Austrian shillings. Later, with the help of small shareholders, the firm was transformed into a publically traded company. Pirsch travelled directly to the producers, built up a network in different countries, offered fair working conditions, optimised the distribution channels. His actual domain was basketry, which was produced in Sri Lanka, but also by Romani in Serbia. Today, Eine Welt Handel AG is Europe's biggest importer of fairly traded basketry and provides secure and steady workplaces and a good income for 3,500 people in various countries of the world. Through professional management and marketing, Pirsch has managed to make Fair Trade socially acceptable beyond the ecological and alternative scene. As a result, supermarket chains, for instance, which have analysed that the sale of cheese can be increased by 20 percent if it is presented in baskets, also buy from him. ¶ Over the years, the company has constantly grown. In the Nineties, the Eine Welt Handel AG was even once located at the Niklasdorf railway station; the office was situated in a scrapped railway coach at that time. Then it moved to a former Gösser brewery storage building in Leoben. After space had become tight there, they returned to Niklasdorf. The railway connection was the main argument, as 90 percent of the goods are shipped in containers from seaports like Hamburg to Styria. It can only be judged as a stroke of luck that Karl Pirsch, who, according to his own statements, knows little about the architecture scene, happened across the right architects. In cooperation with the wood construction company Obermayr, the Steyr-based architect's office POPPE*PREHAL developed *eco2building*, the first wood modular building system for commercial and industrial buildings that meets the passive house standard. One could draw on the results of the EU research project HOLIWOOD (Holistic Implementation of

ausstellung um die Welt ging und damit den internationalen Ruf der jüngeren steirischen Architektur begründete. Halbherzig ironisch hatte man die Anführungszeichen im sperrigen Titel der Schau verschoben: *Architektur-Investitionen – Grazer „Schule" – 13 Standpunkte*.[15] Versammelt war ein recht heterogenes Spektrum von Architekten, das die seit den sechziger Jahren bekannten Protagonisten, einige der aus den USA zurückgekehrten Berufskollegen und eine Reihe Jüngerer versammelte; die Geburtsjahrgänge variierten zwischen 1930 und 1950. Das Katalogvorwort ist von dem bemühten Wunsch gekennzeichnet, Verbindendes offenzulegen: das geistige Klima eines Trotzdem, die Ausrichtung auf Qualität statt Ertrag und schließlich „ein völlig anderes und neues politisches Klima für Architektur im Land Steiermark".[16] Anders als in der experimentellen Pionierphase wird ein Pragmatismus als vorherrschend gesehen, der „auf das Entwerfen von Gebäuden anstatt von Projekten, hin auf die Realität anstelle von Utopien, zielt".[17] In einem der dritten Auflage des Katalogs vorangestellten Essay diskutiert Dietmar Steiner den inzwischen zum medienwirksamen „Markenartikel" gewordenen Begriff der „Grazer Schule" – er verwendet ihn auf den 13 schmalen Katalogseiten 25 mal – und nimmt die Exponenten vor dem Verdacht in Schutz, in die Normalität abzugleiten: „Die ‚Grazer Schule' will immer den soeben bezogenen Ort verlassen, sie befindet sich in einem ständigen Aufbruch. Sucht immer neue Verbindungen und Verbindlichkeiten. Ihr ‚destruktiver Charakter' bewahrt sie vor Verharmlosung. Sie hat den virulenten, spannenden, den nomadischen Anspruch."[18] Der Berliner Architekturkritiker Falk Jaeger, schon an Katalog und Ausstellung von 1984 federführend beteiligt, verfasste auch den Einleitungstext für den Katalog der Ausstellung *Standpunkte '94,* welche schon mit ihrem Titel an die zehn Jahre zurückliegende Schau anknüpfte.[19] Auf Steiners implizite Aufforderung rekurrierend, das Label „Grazer Schule" aufgrund seines medialen Erfolgs auch zu nutzen, berichtet Jaeger von dem Unmut, den der Begriff unter den darunter subsumierten Architekten auslöse und führt stattdessen den Terminus „Grazer Architekturszene" ein. Die Ausstellung ist nach Jaegers Worten Leistungsbilanz und Rückschau zugleich; die Architekten könnten insgesamt auf ein erfolgreiches Jahrzehnt zurückblicken. Ein verbindendes Element der Grazer Büros bestehe darin, dass sie sich standhaft und konsequent den Versuchungen der Postmoderne widersetzten. Im Übrigen diagnostiziert er eine Öffnung zur internationalen Architekturentwicklung, etwa zu jener in der Deutschschweiz mit ihren puristischen Detaillösungen und dezidiert einfachen Materialien.[20] ¶ Besonders hervorgehoben werden die politische Unterstützung der Architektur durch den Landeshauptmann Krainer sowie die Aktivitäten von Wolfdieter Dreibholz, dem Leiter der Planungsabteilung des Hochbauamts. Das Wettbewerbswesen und die Wohnungsbauprojekte „Modell Steiermark"

Namen *eco2building* getauft wurde. Dabei konnte man auf Ergebnisse des EU-Forschungsprojekts HOLIWOOD (Holistic Implementation of Thermal Treated Wood) zurückgreifen, das sich den Eigenschaften thermisch behandelten Holzes widmet. Durch Erhitzen unter Entzug von Sauerstoff und Zugabe von Wasserdampf lassen sich übliche lokale Holzsorten so modifizieren, dass das Schwinden und Quellen zur quantité négligéable gerät und die Dauerhaftigkeit gegenüber Pilzbefall und Witterungsbedingungen erhöht wird. Ohne chemische Zusätze kann damit eine Qualität erzielt werden, die jener von Tropenholz entspricht. ¶ Der partiell doppelgeschossige Neubau der Eine Welt Handel AG umfasst 2.200 Lager- und 600 Quadratmeter Laden- und Bürofläche. Die Konstruktion mit einem Achsabstand von fünf Metern besteht aus Brettschichtholz-Doppelstützen und Brettschichtholzbindern und wurde mit hoch wärmegedämmten Wand- und Deckenelementen versehen, der minimale Heizwärmebedarf wird von einer Holzschnitzelanlage und einem zentralen Lüftungssystem abgedeckt, bei dem ein Erdwärmetauscher für die Erwärmung der Zuluft sorgt. ¶ Ökologie und Ästhetik, das scheint mir ein Problem der gegenwärtigen architektonischen Diskussion zu sein, stehen sich häufig sprachlos, ja unversöhnt gegenüber. Das Logistikzentrum in Niklasdorf weist einen Ausweg aus diesem Dilemma. Es kann nicht nur hinsichtlich der verwendeten Baustoffe und des Energiebedarfs als vorbildlich gelten – was ja auch der Firmenphilosophie entspricht –, sondern tritt auch mit architektonischem Anspruch auf. Ohne Tendenzen zur Kaschierung oder falschen Verniedlichung haben POPPE*PREHAL ein großmaßstäbliches Gebäude errichtet, das seine Funktion nicht verleugnet und zugleich als Visitenkarte für die Eine Welt Handel AG und ihre Produkte fungiert.

15 *Architektur-Investitionen – Grazer „Schule" – 13 Standpunkte*, Ausst.Kat., Graz 1984.
16 Ebd., S. 7. **17** Ebd., S. 6.
18 *Architektur-Investitionen – Grazer „Schule" – 13 Standpunkte*, 3. Aufl., Graz 1986, o. S.
19 *Standpunkte '94*, Ausst.Kat. Graz 1994. **20** Ebd., S. 18.

lished the international reputation of the younger Styrian architects. In a half-heartedly ironic manner, the quotation marks were shifted in the awkward title of the show: *Architektur-Investitionen – Grazer „Schule" – 13 Standpunkte* (Architecture-Investments – Graz "School" – 13 Standpoints).[15] A rather heterogeneous spectrum of architects was assembled here: the protagonists known since the Sixties, several colleagues who had returned from the USA and a number of disciples; the birth cohorts varied between 1930 and 1950. The catalogue preface is characterised by the endeavoured desire to bring connecting elements to light: the intellectual climate of defiance, the focus on quality instead of profit and, lastly, "a completely different and new political climate for architecture in Styria".[16] ¶ Unlike the experimental pioneering phase, a pragmatism "aiming at the designing of buildings instead of projects, towards reality instead of utopias"[17] is seen as prevailing. In the opening essay in the third edition of the catalogue, Dietmar Steiner discusses the term "Graz School", which has meanwhile become an effective media "brand" – he uses this term 25 times on the 13 slender catalogue pages – and defends its members against the suspicion of lapsing into normality: "The 'Graz School' always wants to abandon the place it has just moved into, it finds itself in a constant state of decampment. Always looking for new connections and commitments. Its 'destructive character' saves it from belittlement. It has the virulent, suspenseful, nomadic aspiration".[18] ¶ The Berlin based architecture critic Falk Jaeger, already prominently involved in the catalogue and exhibition in 1984, also wrote the introduction for the *Standpunkte '94* (Standpoints '94) exhibition catalogue, which already tied into the exhibition ten years earlier through its title.[19] Referring back to Steiner's implicit demand to also use the "Graz School" label because of its medial success, Jaeger comments on the discontent the term triggers among the architects associated with it, and introduces the terminus "Graz Architecture Scene" instead. According to Jaeger, the exhibition is a performance report and a retrospect at the same time; the architects could altogether look back upon a successful decade. A connecting element of the Graz offices lies in their making a staunch and consequent stand against the temptations of the Postmodern. Apart from that, he diagnoses an opening to international architectural development, such as that in the German-speaking part of Switzerland, with its Purist detail solutions and decidedly simple materials.[20] ¶ Particularly highlighted is Governor Krainer's political support for architecture, as well as the activities of Wolfdieter Dreibholz, head of the Planning Department of the Office of Civil Engineering. The competitions and the "Modell Steiermark" (Model Styria) housing construction projects characterised the architectural scene in the Eighties, but – because of the

Thermal Treated Wood), which examined the characteristics of thermally treated wood. By heating common local types of woods while extracting oxygen and adding water vapour, they can be modified to reduce shrinking and swelling to a negligible quantity and to increase durability against fungal attack and weather conditions. A quality corresponding to that of tropical wood can thus be attained without chemical additives. ¶ The partially double-storied new building of Eine Welt Handel AG contains 2,200 square metres of storage space and 600 metres of loading and office space. The building, with a centre distance of five metres, is made of glulam timber double supports and glulam timber trusses and provided with thermally insulated wall and ceiling elements. The minimal heating requirement is met with a wood chip heating system and a central ventilation system equipped with a geothermal heat exchanger that warms the supply air. ¶ Ecology and aesthetics – this appears to me to be a problem of the current architectonical discussion – often confront each other in a speechless, even unreconciled manner. The logistics centre in Niklasdorf shows a way out of this dilemma. It cannot only be deemed as exemplary with respect to the building materials used and the energy needs – which also equates to the company philosophy – but it also comes across with architectonic aspiration. Without tendencies towards concealment or false minimisation, POPPE*PREHAL have erected a large-scale building that does not deny its function and, at the same time, functions as a calling card for the Eine Welt Handel AG and its products.

15 *Architektur-Investitionen – Grazer "Schule" – 13 Standpunkte* (exh. cat.), Graz 1984. **16** Ibid., p. 7. **17** Ibid., p. 6. **18** *Architektur-Investitionen – Grazer "Schule" – 13 Standpunkte*, 3rd ed., Graz 1986. **19** *Standpunkte '94* (exh. cat.), Graz 1994. **20** Ibid., p. 18.

prägten das Architekturgeschehen der achtziger Jahre, gehören aber – aufgrund des politischen Wechsels und der Entmachtung von Dreibholz – zum Zeitpunkt der Ausstellung bereits der Vergangenheit an. ¶ Ungewollt wurde *Standpunkte '94* damit zum Abgesang auf die „Grazer Schule". Jaegers Versuch, sich des Begriffs zu entledigen, korrelierte mit der Tatsache, dass sein Erfinder inzwischen selbst auf Distanz dazu gegangen war. Auf dem 7. Österreichischen Kunsthistorikertag, der 1993 in Graz stattfand, ließ Friedrich Achleitner die Entwicklung anhand von 28 Positionen – von Raimund Abrahams visionärer Brückenstadt (1965) bis hin zu Riegler Riewes Flughafen Graz (1988–94) – noch einmal Revue passieren, um schließlich zu resümieren: „Ich neige dazu, diesen Begriff einer ‚Schule' selbst als historisch ad acta zu legen. Die Protagonisten dieser Schule haben selbst ihr formales, architektursprachliches Territorium erweitert oder verlassen, und die Schüler verweigern schon lange die Gefolgschaft."[21] ¶ Ein spezieller Weg der Graz-Rezeption weist nach England. Die internationale Prämierung des Ragnitz-Entwurfs in Cannes 1969 hatte zu Kontakten zwischen Domenig / Huth und Archigram, vor allem zu Peter Cook, geführt – Beweis dafür ist eine Ragnitz-Skizze in Cooks 1970 erschienener Publikation *Experimental Architecture*.[22] Cooks Faszination für die österreichische Architekturszene dauerte an – 1988 veröffentlichte er einen Essay unter dem Titel „Austria. Vienna : Graz" im Themenheft *Austrian Ambivalence* der Zeitschrift *The Architectural Review*.[23] Darin zollt er noch einmal dem Ragnitz-Entwurf seinen Tribut: „a model city more exotic and elegant by far than my own plug-in contraption",[24] setzt sich aber auch mit den Arbeiten von Domenig, Giencke und Szyszkowitz-Kowalski auseinander, die er hinsichtlich „mixed material, lurching form, cascaded light, and thrusting frame"[25] in einer Nähe zur kalifornischen Architektur sieht. Huth, Domenig, Giencke und Szyszkowitz-Kowalski sind auch mit Projekten im Grazteil des Heftes vertreten, der von einem Aufsatz von Peter Blundell Jones eingeleitet wird.[26] Der britische Architekt, Architekturhistoriker und Architekturkritiker hatte in den siebziger Jahren die erste Monografie über Hans Scharoun verfasst und näherte sich somit vor dem Hintergrund seiner Auseinandersetzung mit einer organischen Architekturauffassung der Situation in Graz. Sein zehn Jahre nach dem Aufsatz für *The Architectural Review* erschienenes Buch *Dialogues in Time*[27] bietet den umfangreichsten Überblick über die steirische Architekturentwicklung im 20. Jahrhundert und wird, wie könnte es anders sein, mit einer Reflektion des Problembegriffs „Grazer Schule" eingeleitet. „New Graz Architecture" lautet sein neues Motto – vielleicht nicht besonders originell, aber kaum mehr Anlass zur Kontroverse.

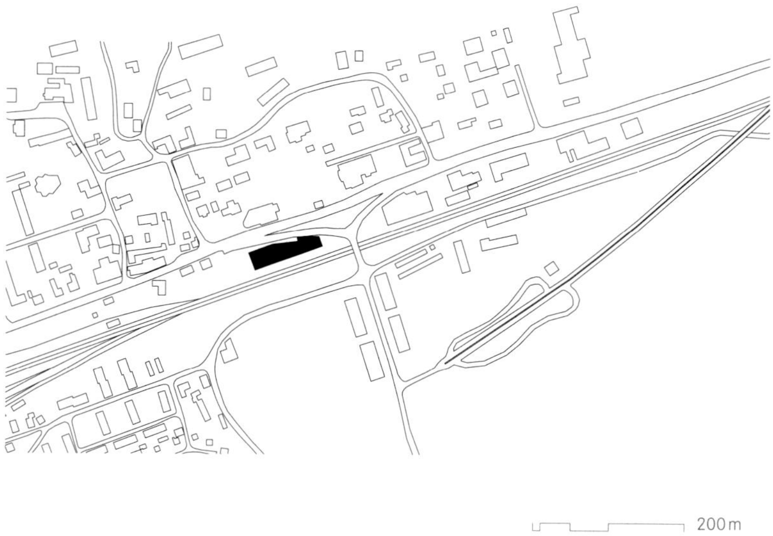

21 Friedrich Achleitner, „Gibt es eine ‚Grazer Schule'?" [1993], in: ders., *Region, ein Konstrukt? Regionalismus, eine Pleite?*, Basel u. a. 1997, S. 79–99, hier S. 99. **22** Peter Cook, *Experimental Architecture*, London–New York 1970, S. 73. **23** Peter Cook, „Austria. Vienna : Graz", in: *The Architectural Review*, H. 12/1988, S. 23–26. **24** Ebd., S. 25. **25** Ebd., S. 26. **26** Peter Blundell Jones, „Graz", in: *The Architectural Review*, H. 12/1988, S. 64 f. **27** Peter Blundell Jones, *Dialogues in Time. New Graz Architecture*, Graz 1998.

political change and the disempowerment of Dreibholz – already belonged to the past at the time of the exhibition. ¶ *Standpunkte '94* inadvertently became the swan song to the "Graz School". Jaeger's attempt at getting rid of the term correlated with the fact that its inventor had meanwhile distanced himself from it. At the 7th Austrian Art Historians' Conference, which took place in Graz in 1993, Friedrich Achleitner once again reviewed the development on the basis of 28 positions – from Raimund Abraham's visionary Brückenstadt (Bridge City) (1965) to Riegler Riewe's Graz Airport (1988 – 94) – in order to finally conclude: "I am inclined to historically shelve this notion of a 'School' altogether. The protagonists of this 'School' have expanded or abandoned their formal, architectural territory and the pupils have already long refused their allegiance."[21] ¶ A special path of Graz critical reception points to England. The international award ceremony for the Ragnitz design in Cannes in 1969 resulted in contacts between Domenig / Huth and Archigram, and particularly to Peter Cook – proof of this is a Ragnitz sketch in Cook's 1970 book *Experimental Architecture*.[22] Cook's fascination with the Austrian architecture scene endured – in 1988 he published an essay entitled "Austria. Vienna : Graz" in the special *Austrian Ambivalence* issue of *The Architectural Review*.[23] He pays tribute once again to the Ragnitz design: "a model city more exotic and elegant by far than my own plug-in contraption",[24] but also examines the works of Domenig, Giencke and Szyszkowitz-Kowalski, which he, in view of "mixed material, lurching form, cascaded light, and thrusting frame",[25] places close to Californian architecture. Projects of Huth, Domenig, Szyszkowitz-Kowalski and Giencke are also presented in the Graz section of the magazine, which is introduced by an essay by Peter Blundell Jones.[26] The British architect, architectural historian and architecture critic authored the first Hans Scharoun monograph in the Seventies, and thus approached the situation in Graz against the backdrop of his examination of an organic architectural perception. His book, *Dialogues in Time*,[27] which appeared ten years after the essay for *The Architectural Review*, offers a comprehensive survey of Styrian architectural development in the Twentieth Century and commences, how else, with a reflection on the problem term "Graz School". His new motto is "New Graz Architecture" – not particularly original, perhaps, but scarcely a reason for controversy anymore.

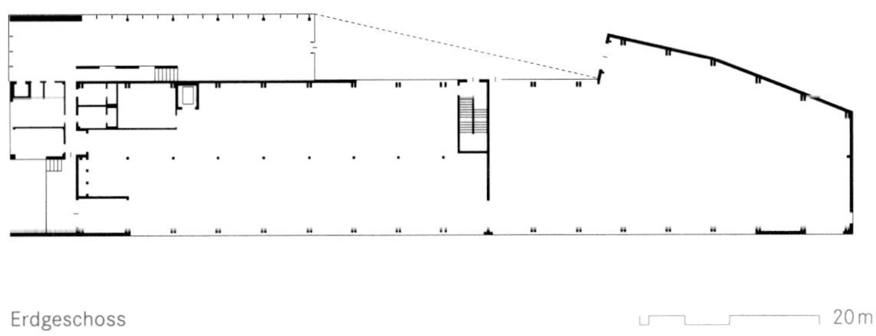

Erdgeschoss
Ground floor

21 Friedrich Achleitner, "Gibt es eine 'Grazer Schule'?" [1993], in: idem, *Region, ein Konstrukt? Regionalismus, eine Pleite?*, Basel et al. 1997, pp. 79 – 99, here p. 99. **22** Peter Cook, *Experimental Architecture*, London–New York 1970, p. 73. **23** Peter Cook, "Austria. Vienna : Graz", in: *The Architectural Review*, 1988, no. 12, pp. 23 – 26. **24** Ibid., p. 25. **25** Ibid., p. 26. **26** Peter Blundell Jones, "Graz", in: *The Architectural Review*, no. 12 / 1988, pp. 64 – 66. **27** Peter Blundell Jones, *Dialogues in Time. New Graz Architecture*, Graz 1998.

Murkraftwerke

Die Fortschritte der Elektrotechnik führten im ausgehenden 19. Jahrhunderts zur zweiten industriellen Revolution, in deren Folge Strom die Dampfkraft ersetzte. Gerade in den Bergregionen Mitteleuropas mit ihren Flüssen und Gebirgsbächen setzte man dabei auf Wasserkraft, welche die Jahrhunderte zuvor lediglich mechanisch genutzt worden war. Voraussetzung für die Stromgewinnung aus dem Wasser waren Fortschritte in der Turbinentechnik, die dynamo-elektrische Umwandlung von mechanischer in elektrische Energie und schließlich die Möglichkeit, Strom über weitere Strecken zu transportieren – anders ausgedrückt: den Ort der Produktion und den Ort der Konsumption räumlich trennen zu können. ¶ An der Mur begann der Kraftwerksbau im ersten Jahrzehnt des 20. Jahrhunderts mit den Anlagen bei Lebring (1903) und Peggau-Deutschfeistritz (1906 – 08). Das Krafthaus Deutschfeistritz, entworfen von Josef Hötzl, wurde als verkleideter Stahlbetonbau mit Fassaden realisiert, deren Formensprache zwischen spätem Historismus und Jugendstil oszilliert und sich an städtische Vorbilder anlehnt. ¶ Wasserkraftwerke sollten die Orts- und Landschaftsbilder der Flussregionen in der Folgezeit radikal verändern; natürliche Fließgewässer wurden durch Wehre in eine Abfolge gestauter Becken verwandelt. In reformorientierten Teilen des kulturellen Bürgertums formierte sich mit der Heimat- und Naturschutzbewegung eine ästhetische Opposition gegen derlei Kollateralschäden der Modernisierung. 1904 wurde in Dresden der Bund Heimatschutz gegründet, dessen erste öffentlich wirksame Kampagne signifikanterweise den Kampf gegen das an der deutsch-schweizerischen Grenze geplante Rheinkraftwerk bei Laufenburg betraf, dem die malerischen Stromschnellen zum Opfer zu fallen drohten.[1] Weit über die Grenzen der Region und des Landes hinaus zog die zwischen 1904 und 1907 geführte Debatte ihre Kreise. Wiewohl die vom Bund Heimatschutz unter ihrem Vorsitzenden Paul Schultze-Naumburg lancierte Kampagne zum Schutz des Landschaftsbilds auf die Unterstützung von prominenten Intellektuellen wie Ludwig Dehio, Hans Delbrück, Max Weber und Ernst Troeltsch stieß, vermochte sich die ästhetische Argumentation im Diskurs nicht gegenüber der ökonomischen durchzusetzen: Der Bau des Kraftwerks Laufenburg zwischen 1908 und 1914 ließ die Stromschnellen verschwinden und bereitete der Kontroverse ein Ende. Erfolg beschieden war den Opponenten nur hinsichtlich der Gestaltung des Kraftwerks, das, von Emil Faesch entworfen, nicht mehr wie das flussabwärts gelegene, 1898 eingeweihte Flusskraftwerk Rheinfelden einem beliebigen Historismus folgte, sondern mit seinen Türmen, seiner Natursteinverkleidung und seinen pittoresken Details vage auf die Architektur des mittelalterlich geprägten Städtchens Laufenburg Bezug nahm. ¶ Aufgrund der Synthese aus moderner Technik, monumentalem Gestus und Elementen, die sich auf das Orts- und Landschaftsbild beziehen ließen,

Fritz Haas: Kraftwerk Laufnitzdorf Power station, 1930/31

Preding bei Weiz
Peter Zinganel / Architektur Consult
ELIN Motoren GmbH

Nach dem Besuch in Niklasdorf mache ich einen Halt an der nahegelegen Kraftwerksanlage St. Dionysen, besuche die Schirmitzbühel-Siedlung in Kapfenberg und fahre dann das Mürztal hinauf, um bei Krieglach abzubiegen und von Norden her auf Preding bei Weiz zuzusteuern. Dem Betriebsgelände der ELIN Motoren GmbH nähere ich mich gewissermaßen von der falschen Seite, denn eigentlich ist es eher auf diejenigen ausgerichtet, die von Graz her kommen. Ähnlich wie in Niklasdorf handelt es sich um ein Firmengebäude, bei dem zwar die Funktionalität im Vordergrund steht, das darüber hinaus aber auch mit seinem architektonischen Ausdruck Werte der Firma nach außen kommunizieren möchte. Dass eine Konkurrenz unter sechs eingeladenen Architekturbüros ausgelobt wurde, ist leider im Sektor des Industriebaus alles andere als selbstverständlich und verdient daher höchste Anerkennung. Innerhalb von erstaunlichen neun Monaten setzte Peter Zinganel schließlich seinen prämierten Entwurf um. ¶ 1997 mit dem drohenden Konkurs konfrontiert, sind die ELIN Motoren Werke heute ein florierendes mittelständisches Unternehmen, in dem gewaltige Elektromotoren gebaut werden, die unter anderem für Windkraftwerke, Turbinen jeglicher Art oder Tunnelbohrmaschinen Verwendung finden. Die benötigten Einzelteile werden anderswo gegossen, gestanzt oder gezogen; beim Produktionsprozess im Werk Preding handelt es sich weitgehend um Montage. ¶ Ein viergeschossiges, parallel zur Bundesstraße errichtetes Bürogebäude für Administration, Entwurfsabteilung und Geschäftsleitung bildet den Auftakt im Südwesten des Areals. Die Fassaden bestehen aus präfabrizierten, kerngedämmten Sichtbetonelementen mit wandbündig eingesetzten Fenstern. Bräunliche Segel, von innen gesehen fast transparent, sind an Abstandshaltern fest vor die Fenster gespannt. Sie dienen der Verschattung, sind aber auch, so wird mir beim Rundgang bedeutet, das wiedererkennbare Markenzeichen des Gebäudes. Auch mir bleibt das Bild im Kopf, allerdings nicht im positiven Sinne. Ich muss gestehen, dass ich

1 Zusammenfassend hierzu: Ulrich Linse, „‚Der Raub des Rheingoldes‘. Das Wasserkraftwerk Laufenburg“, in: ders. et al. (Hg.), *Von der Bittschrift zur Platzbesetzung. Konflikte um technische Großprojekte*, Berlin – Bonn 1988, S. 11 – 62.

Hydroelectric Plants on the Mur River

Progress in electrical engineering led to a second industrial revolution at the end of the 19th century, whereby electric power replaced steam power. In the mountain regions of Central Europe, with their rivers and mountain streams, hydro power, which had solely been mechanically utilised in the previous centuries, was increasingly employed to generate electricity. Preconditions for generating electric power from water included the advances in turbine technology, the dynamo-electric conversion of mechanical energy into electrical energy and the possibility of transporting electricity over wide stretches – in other words, the ability to spatially separate the production location and consumption location. ¶ Power plant construction on the Mur River began in the first decade of the 20th century with the facilities near Lebring (1903) and Peggau-Deutschfeistritz (1906–08). The Deutschfeistritz power house, designed by Josef Hötzl, was realised as a cladded steel concrete construction whose formal design oscillated between Historicism and Art Nouveau, and followed urban models. ¶ Hydroelectric plants were to radically change the townscapes and landscapes of the river regions in the following period; naturally flowing waters were transformed into a series of dammed up basins by weirs. In reform-oriented parts of the cultural bourgeoisie, an aesthetic opposition against such collateral damages of modernisation resulted in the rise of the homeland and nature preservation movement. Founded in 1904 in Dresden, the Bund Heimatschutz (the Heritage Society) staged its first publicly effective campaign against the planned hydroelectric plant on the Rhine at Laufenburg at the German-Swiss border, where the picturesque rapids were threatened.[1] This debate, which raged from 1904 to 1907, had repercussions far beyond the borders of the region and the country. Although the campaign launched by the Bund Heimatschutz under its chairman Paul Schultze-Naumburg to protect the landscape received the support of prominent intellectuals such as Ludwig Dehio, Hans Delbrück, Max Weber and Ernst Troeltsch, the aesthetic argumentation in the discourse failed to assert itself against the economic one. The construction of the Laufenburg power plant between 1908 and 1914 caused the rapids to vanish, thus putting an end to the controversy. A modest success was achieved by the opponents with respect to the design of the power plant, which was planned by Emil Faesch and no longer followed an arbitrary Historicism, like the Rheinfelden hydroelectric plant located downriver, which was dedicated in 1898, but with its towers, natural stone cladding and picturesque details made vague reference to the medieval architecture in the town of Laufenburg. Due to the synthesis of modern technology, monumental gestures and elements referring to the townscape and landscape

Preding bei Weiz
Peter Zinganel / Architektur Consult
ELIN Motor Factory

After the visit in Niklasdorf, I make a stop at the nearby St. Dionysen power plant installation, take a look at the Schirmitzbühel Estate in Kapfenberg and then drive up the Mürz river valley to turn at Krieglach and steer towards Preding bei Weiz from the north. I approach the company grounds of the ELIN Motor Factory in the southern part of the city, as it were, from the wrong side, as they are actually set up for those coming from Graz. Like in Niklasdorf, it is a company building that highlights its functionality, but would also like to communicate the values of the firm to the outside with its architectonic expression. The fact that the competition amongst the six invited architect's offices was tendered is unfortunately anything but a matter of course in the industrial construction sector, and therefore deserves recognition. Within an amazing nine months, Peter Zinganel implemented his prize-winning design. ¶ Confronted with the threat of bankruptcy in 1997, the ELIN motor works are today a flourishing medium-sized enterprise where huge electric motors are built and find use, amongst other things, in wind power plants, all types of turbines or tunnel drilling machines. The required individual components are cast, stamped or wrought elsewhere; the production process at the Preding plant is largely concerned with assembly. ¶ Erected parallel to the main road, a four-storey office building for the administration, design and management departments marks the start of the company premises in the southwest. The façades are made of pre-fabricated, core-insulated exposed concrete elements with windows set flush to the wall. Brownish sails, almost transparent when seen from the inside, are tightly stretched in front of the windows on bar spacers. They provide shade, but are also the building's recognisable signature feature, I was told during a tour. That image also stuck in my mind, but not in a positive sense. I have to admit that I consider the sails to be the weakest element of the building. A construction like that would be conceivable to

1 Summarised in: Ulrich Linse, "'Der Raub des Rheingoldes'. Das Wasserkraftwerk Laufenburg", in: idem et al. (eds.), *Von der Bittschrift zur Platzbesetzung. Konflikte um technische Großprojekte*, Berlin–Bonn 1988, pp. 11–62.

wurde das Kraftwerk Laufenburg zum Vorbild für viele Kraftwerksbauten der folgenden Jahrzehnte. ¶ Das gilt auch für die drei Kraftwerksanlagen, die seit den zwanziger Jahren von der 1921 gegründeten Steirischen Wasserkraft- und Elektrizitäts-Aktiengesellschaft (STEWEAG) zwischen Graz und Leoben errichtet wurden und heute den Kraftwerksverbund Mittlere Mur bilden.[2] Die drei Anlagen bestehen jeweils aus einem die Mur stauenden Wehr, einem das Oberwasser ableitenden Kanal und schließlich dem Kraftwerksensemble, in dem das Wasser des Kanals die Turbinen antreibt und ins Unterwasser entlassen wird. Wasserbautechnisch von dem Ingenieur Hermann Grengg konzipiert, oblag die architektonische Formulierung dem steirischen Architekten Fritz Haas (1890–1968)[3], der 1922 in einem vom Heimatschutz ausgeschriebenen Wettbewerb für die Hochbauten des Teigitsch-Speicherkraftwerks reüssiert und dort erste Erfahrungen im Kraftwerksbau gesammelt hatte. ¶ Zu den wichtigsten Leistungen Fritz Haas' zählen die Murkraftwerke: Auf die Wehranlage Zlatten und das damit verbundene Kraftwerk Pernegg (1925–28) folgten 1930/31 das Wehr Mixnitz und das Kraftwerk Laufnitzdorf; der Energiebedarf der obersteirischen Rüstungsindustrie führte schließlich in den Kriegsjahren 1941 bis 1944 zur Realisierung des mit der Wehranlage Mötschlach verbundenen Kraftwerks St. Dionysen zwischen Niklasdorf und Bruck an der Mur – Pläne für ein Ausleitungskraftwerk an dieser Stelle bestanden schon mehrere Jahrzehnte. ¶ Das Wehr Zlatten, das als erster von Haas' technischen Bauten an der Mur umgesetzt wurde, zeigt, in welchem Maße sich die Architektur seit dem ein gutes Jahrzehnt zuvor errichteten Pionierprojekt bei Laufenburg weiterentwickelt hatte. Der Ortbeton blieb nun ganz im Sinne der Moderne unverkleidet, doch weiterhin waren die fortifikatorischen Assoziationen bestimmend. Ein puristisch emporstrebender „Wehrturm" mit Zeltdach und ein daran anschließender, mit Holzschindeln verkleideter und auf einem stählernen Brückentragwerk entlang führender „Wehrgang" zeigen sich einerseits als retrospektive, von den Burgen der Umgebung inspirierte Inszenierung, gewissermaßen als romantische Verbrämung einer radikal in die Natur eingreifenden Industrieanlage, und verleugnen doch letztlich dank eines durchaus modernen Gestus mit elementaren Formen die Inszenierung eines funktionalistisch gestimmten Gebäudes nicht. Bei Haas' Murkraftwerksbauten handelt es sich um bemerkenswerte Legierungen aus Heimatschutzarchitektur und Moderne, die einmal – wie beim Kraftwerk in Pernegg – mit dem Rückgriff auf sakrale Bautypen eine Überhöhung der Bauaufgabe in Szene setzen, das andere Mal – wie in Laufnitzdorf – volumetrisch reduziert erscheinen und schließlich – wie beim Wehr Mötschlach – die dem NS-System kompatible Wehrhaftigkeit verbildlichen. Ob das landschaftsgebundene Bauen nicht ebenfalls mit klischeehaften Stereotypen arbeitete, so dass sich von einer „internationalen Heimatschutz-

2 Die österreichischen Kraftwerke sind seit jüngstem in einer im Rahmen einer Forschungsarbeit entstandenen Publikation dokumentiert: Gerhard A. Stadler / Manfred Wehdorn, *Architektur im Verbund*, Wien 2007; vgl. auch: Valentin E. Wille, „Die architektonische Inszenierung von Wasserkraftwerken", in: *Blätter für Technikgeschichte*, Bd. 69 / 70, 2007 / 2008, S. 79–90.
3 Vgl. Hermann Grengg, *Fritz Haas – ein Lebens- und Werksbericht*, Graz 1973. Friedrich Achleitner, *Österreichische Architektur im 20. Jahrhundert. Band 2: Kärnten, Steiermark, Burgenland*, Salzburg 1983, passim.

die Segel für das schwächste Element des Gebäudes halte. Eine derartige Konstruktion wäre für mich vor einer Ganzglasfassade vorstellbar, nicht aber vor einem Gebäude mit einer eigentlich mural geprägten Hülle. Ich empfinde die Kombination als Verbindung, besser: Überlagerung zweier Ausdrucks- und Materialwelten, die nicht recht zusammenpassen wollen. So beschleicht mich der Verdacht, die Fassade dahinter könnte ohne die wie aufgespannte Tierhäute wirkenden Segel etwas banal wirken, was sich indes vor Ort schlecht überprüfen lässt, da sich die Segel nun einmal nicht ausblenden lassen. Zumindest befremdet es, dass aus Gründen der Einheitlichkeit selbst dort textile Membranen angebracht wurden, wo keine Fenster die Wand durchbrechen. ¶ Was die tatsächliche Qualität des Gebäudes ausmacht, offenbart sich deutlicher im Inneren. Transparenz, die andere Bürogebäude nach außen kehren, bestimmt hier das Innere. Die Großraumbüros, die sich um zwei luftige Atrien gruppieren, werden ergänzt durch verglaste Besprechungsräume und ebenso verglaste Arbeitszimmer für die Geschäftsleitung. Jeder kann hier jeden sehen. Einer optischen – und auch räumlichen – Trennung von Führungsetage und Verwaltung, von Verwaltung und Produktion möchte man hier entgegenwirken, und so können sich die Mitarbeitenden innerhalb des Werks frei bewegen. ¶ Die 240 Meter lange Produktionshalle schließt rechtwinklig an den Bürotrakt an und ist in vier Schiffe gegliedert. Die Zulieferung und die Distribution erfolgen von der nordöstlichen Stirnseite her, wo sich ein Bahngleis und eine LKW-Vorfahrt befinden. Die Organisation der Hallen folgt ganz der Logik des Materialflusses und damit einem möglichst effizienten Produktionsprozess. Dementsprechend sind in die Hallen an den nötigen Stellen die verschiedenen Funktionsbereiche integriert: Hochregallager, Produktionsbüros, Lackierkabinen, Kontrollräume, Prüfstände; das Maschinenhaus und die Trafoanlage stehen als separate Volumina außerhalb. ¶

scenery, the Laufenburg power plant became a model for many power plants built in the ensuing decades. ¶ That also applies to the three power plants that have been built between Graz and Leoben since the Twenties by the Styrian power supply company Steirische Wasserkraft- und Elektrizitäts-Aktiengesellschaft (STEWEAG), which was founded in 1921.[2] The three plants, which today form the Kraftwerksverbund Mittlere Mur (Middle Mur Power Plant Group), respectively consist of a weir that dams the Mur, a channel that diverts the headwater, and the power plant ensemble in which the channel water powers the turbines and is released into the lower water. These plants were hydraulically conceived by the engineer Hermann Grengg, and their architectonic formulation was carried out by the Styrian architect Fritz Haas (1890 –1968),[3] who won the contest tendered by the Heimatschutz for the Teigitsch storage power plant, and was able to gather initial experience in power plant construction there. Among Haas' most important achievements are the power plants on the Mur: Following the construction of the Zlatten weir system and the Pernegg power plant connected to it (1925–28), the Mixnitz weir and the Laufnitzdorf power station were built in 1930/31; the energy demand of the Upper Styrian armaments industry finally led to the construction of the St. Dionysen power plant (1941–44), which is connected to the Mötschlach weir system between Niklasdorf and Bruck an der Mur – plans for a diversion power plant at this location had already existed for several decades. ¶ The Zlatten weir, which was the first of Haas' technical constructions to be built on the Mur, shows to which extent the architecture had further developed since the pioneering project at Laufenburg a decade before. In the Modernistic sense, the in situ concrete remained unclad, yet the fortification associations were still definitive. A puristically upward-rising "fortified tower" with a pavilion roof and a connected "battlement", clad with wooden shingles and leading along a steel bridge support, can be seen as a retrospective staging inspired by the castles of the surroundings and as the romantic trimming of an industrial plant that radically encroaches on nature, and yet ultimately does not deny the staging of a functionalistically tempered building, thanks to a thoroughly modern gesture with elementary forms. Haas' Mur power plant buildings are remarkable alloys of Heimatschutz architecture and the Modern, which – as in the Pernegg power plant – are staged with recourse to ecclesiastical buildings to a point where the building task is exaggerated, or – as in Laufnitzdorf – appear volumetrically reduced and finally – as in the Mötschlach weir – depict a pugnacity compatible to the National Socialist system. Whether landscape-bound construction likewise works with clichéd stereotypes or not, so that an "international Heimatschutz architecture" can be spoken of, is a

Fritz Haas: Wehranlage Zlatten
Weir System, 1925–27

2 The Austrian power plants have recently been documented in a publication resulting from a research project: Gerhard A. Stadler / Manfred Wehdorn, *Architektur im Verbund*, Wien 2007; also compare: Valentin E. Wille, "Die architektonische Inszenierung von Wasserkraftwerken", in: *Blätter für Technikgeschichte*, vol. 69/70, 2007/2008, pp. 79 – 90. **3** Cf. Hermann Grengg, *Fritz Haas – ein Lebens- und Werksbericht*, Graz 1973; Friedrich Achleitner, *Österreichische Architektur im 20. Jahrhundert. Band 2: Kärnten, Steiermark, Burgenland*, Salzburg 1983, passim.

me in front of a fully glassed façade, but not in front of a building with an essentially mural-like cover. I find the combination as a connection to be better: the overlapping of two worlds of expression and material that do not want to fit together. The suspicion creeps over me that the façade behind it could appear somewhat banal without the sails, which have the effect of stretched animal skins. However, it is difficult to verify this on site, as the sails simply cannot be faded out. At any rate, it is surprising that textile membranes were even mounted for the sake of uniformity in places where no windows break through the wall. ¶ What constitutes the actual quality of the building is more clearly revealed on the inside. Transparency that turns other office buildings outwards determines the interior here. The open-plan offices grouped around two airy atriums are complemented by glassed meeting rooms and glassed workrooms for management. Everyone can see everybody here. One would like to counteract an optical – and also spatial – separation of the executive level and the administration, of the administration and the production, and so the employees can move freely within the plant. ¶ The 240-metre-long production hall connects to the office wing in a rectangular fashion and is arranged in four aisles. Delivery and distribution take place at the northeast front side, where a rail track and a lorry ramp are situated. The organisation of the halls entirely follows the logic of the material flow and, therewith, a production process that is as efficient as possible. Accordingly, the various functional areas are integrated into the halls at exactly the right spots: high-bay warehouses, production offices, paint booths, control rooms, test blocks; the machinery hall and the transformer station stand beyond as separate volumes. ¶ Reinforced concrete columns sustain the roof construction, but also take up the load of the crane beams in particular. For ecological and economic reasons, the architect

architektur" sprechen ließe, wäre noch zu diskutieren. ¶ Haas, der nach dem „Anschluss" Österreichs an das Deutsche Reich auch mit der NS-Neugestaltung von Graz betraut worden war, verbrachte, wie auch der überzeugte Nationalsozialist Grengg, zwei Jahre in Haft, bevor er an Enns und Drau weitere Kraftwerksbauten realisieren konnte.

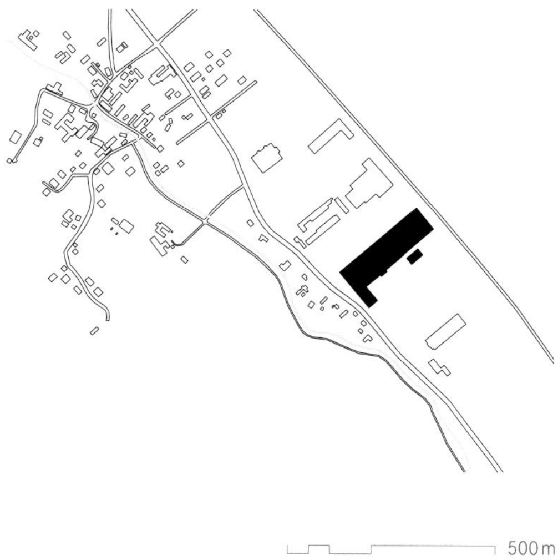

Stahlbetonstützen tragen die Dachkonstruktion, nehmen vor allem aber auch die Lasten der Kranbalken auf. Bei der Dachkonstruktion verzichtete man aus ökologischen und ökonomischen Gründen auf Stahlfachwerkträger und nutzte stattdessen Brettschichtholzbinder aus heimischer Produktion. Für die Fassaden fanden gedämmte Metallpaneele Verwendung. ¶ Als besonders eindrücklich empfinde ich die Belichtung der Halle. Das Zenitallicht wird ergänzt durch die großen Oberlichtbänder an den Außenwänden und die Fensterbänder im unteren Bereich der Wand. Da Klarglas eingesetzt ist, kann die Belegschaft auch tatsächlich hinausblicken. Vielleicht macht das die zum Teil monotone und repetitive Arbeit erträglicher. Dass hier nach High-Tech-Methoden mehr oder minder automatisiert produziert wird, diese Illusion verliere ich schnell. Der Prozentsatz an Handarbeit – etwa beim Umwickeln oder Isolieren – ist erstaunlich hoch. ¶ Als ich die Fabrik am späten Nachmittag dieses Wintertages verlasse, hat es zu dämmern begonnen. Weil die Büroetagen jetzt von innen beleuchtet sind, zeichnet sich die Struktur der Fassade etwas deutlicher hinter den nun optisch in den Hintergrund tretenden Sonnensegeln ab. Nachtansichten von Gebäuden aber halte ich seit jeher für verdächtig, zumindest wenn sie in Architekturzeitschriften auftauchen. Geschickt beleuchtet und inszeniert, sieht jedes Gebäude im Dämmerschein magisch und attraktiv aus. Ich fahre nach Graz.

point that would still have to be discussed. Haas, who also had been entrusted with the National Socialist redevelopment of Graz after Austria's "Anschluss" to the German Reich, also spent two years in prison, just like the avid Nazi Grengg, before he was able to complete further power plants on the Enns and Drau rivers.

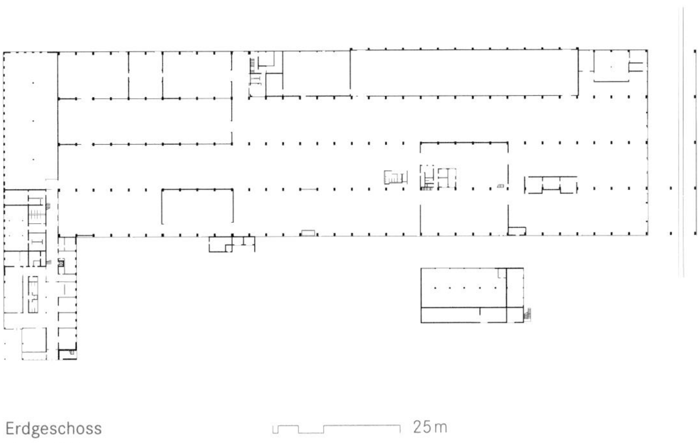

Erdgeschoss
Ground floor

dispensed with steel truss girders, using locally produced glulam timber trusses instead. Insulated metal panels were applied for the façades. ¶ I find the lighting of the hall to be particularly impressive. In addition to the zenithal light, large overhead lighting strips appear on the outside walls, which are complemented by window bands in the lower area of the wall. Because clear glass is implemented, the staff can also actually look outside. Perhaps this makes the sometimes monotonous and repetitive work more bearable. I quickly lose this illusion that the more or less automated production here is carried out according to high-tech methods. The percentage of manual work – for wrapping and insulating, for instance – is amazingly high. ¶ As I leave the factory in the late afternoon of this winter day, dusk is setting in. Because the office suites are now illuminated from inside, the structure of the façade stands out somewhat more distinctly behind the sun sails that now optically fade into the background. However, I have been suspicious of night views of buildings since day one, at least when the show up in architecture magazines. When skilfully lit-up and staged, every building looks magical and attractive in the twilight. I drive to Graz.

Ferdinand Schuster: Kindergarten Moserhofstraße
Nursery school, Leoben, 1966/67

Kindergärten von Ferdinand Schuster

„Die ersten Kindergärten", so formulierte es Margarete Schütte-Lihotzky, „waren in ihrer Raumgestaltung nichts anderes als schreckliche Kinderaufbewahrungsstätten."[1] Erst in den zwanziger Jahren des 20. Jahrhunderts wurde dank der Einflüsse der Reformpädagogik der Kindergarten zum eigenständigen Bautypus; als Inkunabeln gelten zwei unrealisierte Projekte für Frankfurt am Main von Schütte-Lihotzky selbst. Die Kindergartengruppe stellte für die Architektin eine vergrößerte Familie dar, zudem aber auch eine Gemeinschaft von Gleichaltrigen und einen Zwischenschritt von der Familie zum Lehrbetrieb der Schule. In Abkehr von Korridorlösungen wie im Schulhausbau postulierte Schütte-Lihotzky aus pädagogischen, medizinischen und architektonischen Gründen das Pavillonsystem mit einzelnen Häusern für die Gruppen und zugeordneten Gärten.[2] Mustergültig ausformuliert wurde diese Konzeption 1929 im Entwurf für einen kreuzförmigen Kindergarten der Siedlung Praunheim:[3] Eine zentrale Eingangshalle mit Ausblicken in die Natur verknüpft die drei in unterschiedliche Richtungen orientierten Gruppenbereiche, während der vierte Flügel als Speise- und Schlafsaal dient. ¶ Eigentlich fruchtbar wurden derlei Ideen erst nach dem Zweiten Weltkrieg. Maßgebliche Lösungen in der Steiermark stammen vor allem von Ferdinand Schuster (1920–1972)[4], der in den ersten Dekaden nach 1945 besonders in Kapfenberg tätig war. Der Aufschwung der Stadt war eng verbunden mit den 1894 gegründeten Böhler-Werken, die zum Motor der Stadtentwicklung wurden. Die Rüstungsproduktion der NS-Zeit führte zur Anlage des Zweigwerks Deuchendorf und zugehörige Arbeitersiedlungen, unter anderem der von Karl Hoffmann und Friedrich Zotter 1940 bis 1942 realisierten Satellitensiedlung auf dem Schirmitzbühel. Mit einer zentralen Repräsentationsachse und den in die Landschaft ausstrahlenden Wohnblocks ist die Schirmitzbühelsiedlung charakteristisch für städtebauliche Lösungen der NS-Ära. ¶ In den fünfziger Jahren oblag Schuster die Erweiterung von Schirmitzbühel. Eines seiner späteren Werke ist der 1964–67 erbaute, direkt neben der ebenfalls von ihm entworfenen Schule befindliche Kindergarten,[5] bei dem der Architekt auf das Modell von Schütte-Lihotzky zurückgriff. Eine um vier Stufen abgesenkte Spielhalle bildet das Zentrum des Gebäudes, dessen Ecken die vier Gruppenräume einnehmen. Als Ort der Gemeinschaft ist hier gegenüber dem Frankfurter Vorbild die Funktion der fast wie eine kleine Arena anmutenden Halle verstärkt worden. Die sich in einer verglasten Fensterfront zum Garten hin öffnenden Gruppenräume sind durch flexible Holzeinbauten in unterschiedliche Niveaus gegliedert. ¶ Ein ähnliches Raumkonzept mit den Gruppenräumen, die sich auf quadratischem Grundriss um eine zentrale Halle gruppieren, realisierten Wolfgang und Traude Windbrechtinger in Amstetten.[6] Schuster selbst variierte sein Konzept 1966/67 an

Graz
Architektur STROBL
Kinderkrippe Schönbrunngasse

Am Dienstagmorgen begebe ich mich in das nordöstlich der Innenstadt gelegene Villengebiet auf dem Rosenberg. Das Grundstück Schönbrunngasse wird beherrscht von dem Gebäude des einstigen Sanatoriums Mariagrün, das sein Entstehen dem Psychiater Richard Krafft-Ebing verdankt. Krafft-Ebing, Spezialist für Neurologie, Sexualpathologie sowie medizinische Kriminalistik und eine der Koryphäen seiner Zeit, ließ das mit seinem Turm beinahe burgartig anmutende Gebäude 1885 als Privatklinik errichten, um hier vermögende Patienten zu behandeln; 1903 wurde das Ensemble in Jugendstilformen erweitert, wovon der Anbau mit der bekrönenden halbrunden Eisen-Glas-Veranda zeugt. Bis gegen Ende der zwanziger Jahre dauerte der Betrieb als Heil- und Kuranstalt an, dann übernahm die Stadt Graz das Sanatorium samt seinem ausgedehnten Park. Nach dem Zweiten Weltkrieg fand es eine neue Nutzung als Säuglingsheim, später als Kindergarten, als der er heute noch dient. ¶ Weil der Kindergarten längst überbelegt ist – und eine Sanierung in nächster Zeit unausweichlich scheint –, entschied sich die Stadt dazu, zunächst innerhalb des Parks einen Neubau für die Kinderkrippe zu erstellen. Zusätzlich geplant auf dem Grundstück ist eine Volksschule, für die inzwischen ebenfalls ein Bauprojekt vorliegt. ¶ Zwei Grundüberlegungen bestimmten das Konzept von Martin Strobl, der die neue Kinderkrippe entwarf. Zum einen wollte er nicht allzu sehr zu dem bestehenden Bau in Konkurrenz treten, zum anderen war die Parkanlage mit ihrem alten Baumbestand nach Maßgabe der Möglichkeiten zu schonen. So erhielt der Neubau ein rechteckiges, äußerst kompaktes Volumen, das – nicht zuletzt dank der umlaufenden Verkleidung aus vertikalen Holzlamellen – für mich fast wie ein Gartenpavillon wirkt. Da das Gelände nach Südosten abfällt, bot sich eine zweigeschossige Lösung an, die doch sämtlichen Gruppenräumen den direkten

1 Margarete Schütte-Lihotzky, *Warum ich Architektin wurde*, Salzburg 2004, S. 167. **2** Vgl. ebd. **3** Peter Noever / MAK (Hg.), *Margarete Schütte-Lihotzky. Soziale Architektur. Zeitzeugin eines Jahrhunderts*, Wien 1993, S. 119f. **4** Siehe: *Ferdinand Schuster 1920–1972. Ein Gedenkblatt*, [Graz 1973]. Vgl. auch die Homepage des Forschungsprojekts Ferdinand Schuster an der TU Graz: www.ferdinand-schuster.tugraz.at. **5** Vgl. Friedrich Achleitner, „Thema mit Variationen", in: *Der Bau*, H. 6/1964, S. 41–44. **6** Ebd.

Nursery Schools Designed by Ferdinand Schuster

"The first nursery schools," as Margarete Schütte-Lihotzky put it, "were, in their room design, nothing other than dreadful storage facilities for children."[1] Thanks to the influences of progressive education, the nursery school became a self-contained building type in the 1920s; two projects for Frankfurt am Main, which were planned by Schütte-Lihotzky herself but never carried out, are considered as incunabula. The architect pictured the nursery school group as an enlarged family, but also as a community of peers and an intermediate step from the family to the school environment. Turning away from corridor solutions like those in schoolhouse construction, Schütte-Lihotzky, for pedagogical, medical and architectonic reasons, postulated the pavilion system with individual houses for the groups and attached gardens.[2] This conception was exemplarily formulated in 1929 in the design for a cross-shaped nursery school in the Praunheim housing estate[3]. A central entrance hall with views of the natural surroundings connects the three group areas oriented in different directions, while the fourth wing serves as a dining and sleeping hall. ¶ Such ideas actually first bore fruit after the Second World War. Essential solutions in Styria primarily originate from Ferdinand Schuster (1920 – 1972)[4], who was especially active in Kapfenberg in the first decades after 1945. The economic upturn of the city was closely linked to the Böhler Works, which were founded in 1894, and became the driving force of urban development. Armaments production during the Nazi era led to the construction of the branch works in Deuchendorf and the workers' housing estates belonging to it, particularly the satellite suburb in Schirmitzbühel, which was built by Karl Hoffmann and Friedrich Zotter from 1940 to 1942. Featuring a central representation axis and blocks of flats radiating in the landscape, the Schirmitzbühel housing estate is characteristic of the urban planning solutions of the Nazi era. ¶ In the 1950s, Schuster was responsible for the expansion of Schirmitzbühel. One of his later works is the nursery school built between 1964 and 1967, which drew upon Schütte-Lihotzky's model and is located directly next to the school he likewise designed.[5] A playroom, set four steps lower, forms the centre of the building, whose corners are occupied by the four group rooms. As a contrast to the Frankfurt model, the hall, which appears to nearly have the function of a small arena, is consolidated as a communal location. Opening onto the garden in a glazed window front, the group rooms are arranged in different levels by flexible wooden components. ¶ A similar room concept consisting of group rooms clustered around a central hall on a square layout was realised by Wolfgang and Traude Windbrechtinger in Amstetten.[6] Schuster himself varied his concept in 1966/67 in the Moserhofstraße in Leoben.[7] With an analogous

Graz
Architektur STROBL
Day Nursery Schönbrunngasse

On Tuesday morning I proceed to the villa quarter situated northeast of the city centre on Rosenberg. The Schönbrunngasse plot is dominated by the former Mariagrün Sanatorium, which was established by the psychiatrist Richard Krafft-Ebing. A specialist in neurology, sexual pathology and medical criminology, and one of the luminaries of his day, Krafft-Ebing had this nearly fortress-like building constructed in 1885 as a private clinic to treat wealthy patients. In 1903, the ensemble was expanded in Art Nouveau style, which is evident in the crowned, semicircular iron-glass veranda of the annex. Operated as a sanatorium until the end of the Twenties, the facility and its spacious park were then taken over by the City of Graz. After the Second World War, it found a new use as a baby nursery and later as a nursery school, which it still is today. ¶ Because the nursery school has long been overcrowded – and a renovation seems unavoidable in the near future – the City decided to construct a new day nursery building within the park. An elementary school has additionally been planned on the lot and construction is scheduled to begin in 2012. ¶ Two basic considerations determined Martin Strobl's design concept for the new day nursery. On the one hand, he did not want to compete all too much with the existing building; on the other hand, the park, with its old stock of trees, was to be spared in accordance with the possibilities. Thus, the new building received a rectangular, extremely compact volume, which – thanks to the circumferential cladding made of vertical wood panels – almost has the effect of a garden pavilion on me. Because the terrain slopes to the southeast, a two-storey solution offering all group areas a direct reference to nature arose. Altogether, the day nursery contains five group areas;

1 Margarete Schütte-Lihotzky, *Warum ich Architektin wurde*, Salzburg 2004, p. 167. **2** Cf. ibid. **3** Peter Noever / MAK (ed.), *Margarete Schütte-Lihotzky. Soziale Architektur. Zeitzeugin eines Jahrhunderts*, Vienna 1993, pp. 119 – 20. **4** To Schuster: *Ferdinand Schuster 1920 – 1972. Ein Gedenkblatt*, [Graz 1973]. Also compare the homepage of the Ferdinand Schuster research project at the TU Graz www.ferdinand-schuster.at. **5** Cf. Friedrich Achleitner, „Thema mit Variationen", in: *Der Bau*, 1964, vol. 6, pp. 41 – 44. **6** Ibid. **7** Friedrich Achleitner, *Österreichische Architektur im 20. Jahrhundert. Band 2: Kärnten, Steiermark, Burgenland*, Salzburg 1983, pp. 256 – 58.

der Moserhofstraße in Leoben.[7] Bei analoger Grundrissdisposition sind jeweils zwei Gruppenräume durch einen oktogonal ausgebildeten „Bewegungsraum" verbunden, so dass sich die Tendenz der Zentralisierung zugunsten einer Organisation in drei Stränge zurückgedrängt zeigt. Ein hallenartiger Korridor trennt und verbindet die beiden Einheiten aus Gruppen- und Bewegungsräumen.

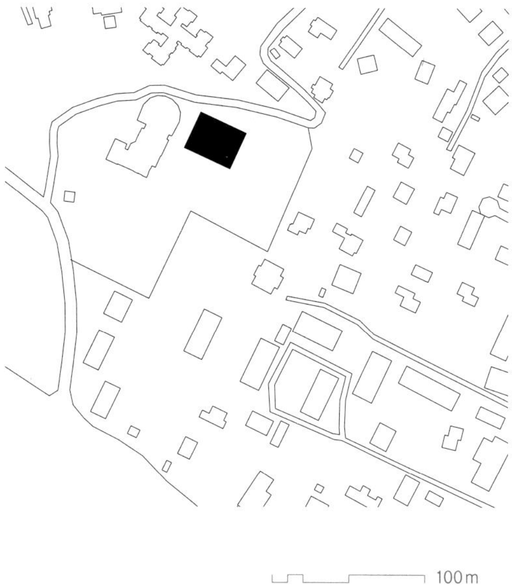

Bezug zur Natur bietet. Insgesamt umfasst die Krippe fünf Gruppenbereiche; drei davon liegen im oberen Geschoss und orientieren sich nach Südwesten, zwei weitere sind im unteren Geschoss situiert und nach Südosten ausgerichtet. Geht man vom Eingang des Grundstück aus auf dem Zugangsweg um das alte Sanatorium herum, so wird deutlich, wie exakt sich der Neubau auf die Geometrie des Verandaanbaus bezieht. ¶ An der schwarz ausgekleideten Nordostecke betrete ich das Gebäude und stehe im Korridor des Obergeschosses, dessen Ende auf eine Fensterfront zuführt. Während links eine Treppe und ein Lift beide Ebenen verbinden, werden die drei Gruppenbereiche rechts von Garderobenkorridoren getrennt, die wiederum ins Freie leiten. Die Gruppenbereiche gliedern sich in den eigentlichen Gruppenraum und einen Ruheraum, der vermittels eines über das gesamte Gebäude geführten Oberlichtsheds belichtet wird. Vor den bis zum Boden herabgezogenen Fenstern der Gruppenräume befinden sich Außenbereiche, die von dem drei Meter vorspringenden Dach überdeckt sind. Die Auskragung spendet im Sommer Schatten, während sie im Winter die Strahlen der tiefstehenden Sonne ins Innere dringen lässt. ¶ Wie es die Ausschreibung forderte, wurde die Kinderkrippe als Holzbau konstruiert. Fichten- und Ahornholz prägen die Innenauskleidung, auch die Einbauten in den Gruppenräumen bestehen aus Ahorn. Keinesfalls aufdringliche, aber unübersehbare Farben grenzen die fünf verschiedenen Bereiche voneinander ab und helfen, indem sie sich von den Garderoben über die Scheiben bis hinein in die Eingangszonen ziehen, den Kindern bei der Orientierung. Der eigentliche Reichtum des Gebäudes besteht in der Verzahnung von Architektur und Landschaft. Steht man im Park, so wirkt das steil über dem Neubau aufragende Sanatorium wie ein verwunschenes, fast surreales Märchenschloss. Ich weiß nicht, ob das die Kinder auch so empfinden.

7 Friedrich Achleitner, *Österreichische Architektur im 20. Jahrhundert. Band 2: Kärnten, Steiermark, Burgenland*, Salzburg 1983, S. 256f.

ground plan layout, two group rooms each are connected by an octagonal-shaped "movement room", so that the centralisation tendency that is pushed back in favour of an organisation in three strands becomes apparent. A hall-like corridor separates and connects both units of group and movement rooms.

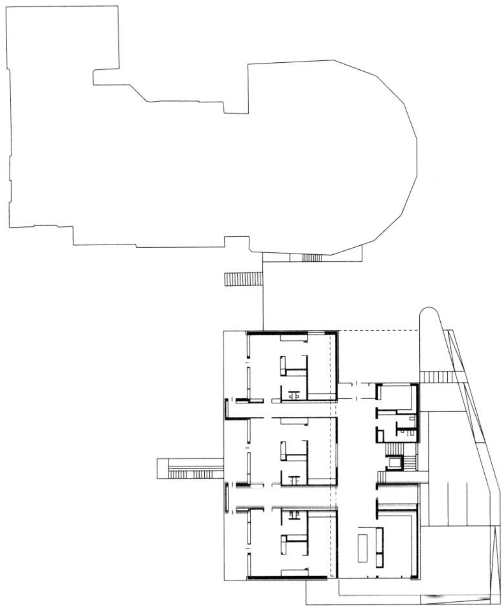

Eingangsgeschoss
Entrance floor

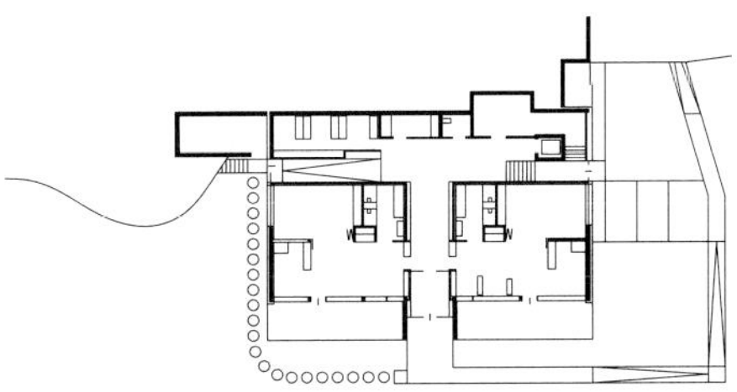

Sockelgeschoss
Basement

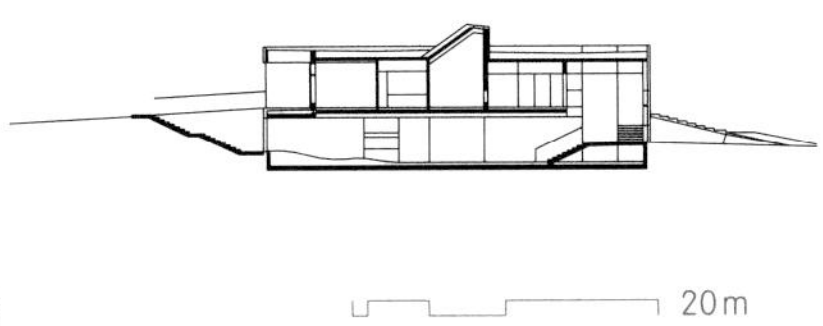

Querschnitt
Cross section

three of them lie on the upper storey and are oriented towards the southwest, two further ones are situated on the lower floor and are aligned to the southeast. If one goes from the entrance of the lot to the access path around the old sanatorium, it becomes clear how exactly the new building relates to the geometry of the veranda structure. ¶ I enter the building at the black-clad northeast corner and stand in the upper storey corridor leading to a window wall. While a staircase and a lift connect both levels, the three group areas to the right are separated by cloakroom corridors that, in turn, head outside. The group areas are divided into the actual group room and a relaxation room lit by a skylight shed running across the whole building. Situated in front of the full-wall group room windows, the outdoor areas are covered by a roof protruding three metres outwards. The overhang provides shade in the summer while letting the rays of the low winter sun shine into the interior. ¶ As required in the tender, the day nursery was built as a wood construction. Spruce and maple wood characterise the interior lining, and the fittings in the group rooms are also made of maple. Not at all obtrusive, but nonetheless conspicuous colours define the five different areas. Running from the cloakrooms over the window panes and into the entrance zone, these colours help the children orientate. The real richness of the building consists in the interlocking of architecture and landscape. If one stands in the park, the sanatorium, which steeply towers over the new building, is like an enchanted, almost surrealistic fairy tale castle. I do not know if the children also perceive it in this way.

Terrassenhaussiedlung St. Peter, Graz

Im Jahr 1967 veranstaltete die Österreichische Gesellschaft für Architektur eine wegweisende zweiteilige Ausstellung, die den Titel *Neue städtische Wohnformen* trug und internationale und österreichische Beispiele zueinander in Beziehung setzte. Die österreichischen Beiträge – von Hans Puchhammer und Gunther Wawrik, Viktor Hufnagl, der Werkgruppe Graz, Rupert Falkner, Wolfgang und Traude Windbrechtinger, Wilhelm Holzbauer, Hans Hollein und Ivo Waldhör – wurden im Folgejahr in einer Wohnungsbau-Ausgabe der Fachzeitschrift *Bauen+Wohnen* publiziert,[1] die unter anderem auch einen Beitrag zum Thema Verdichtung von Hubert Hoffmann[2] enthielt. ¶ Die Terrassenhaussiedlung (1972–78) im Norden des VIII. Grazer Bezirks, nach einem 1965/66 erarbeiteten Entwurf der Werkgruppe Graz, kann nicht nur als deren Hauptwerk gelten, sondern auch als Meilenstein des Wohnbaus jener Zeit – und als Musterbeispiel partizipatorischen Bauens, eines der wichtigen Themen in Graz und der Steiermark seit den sechziger Jahren. ¶ Auf einem Sockelplateau über der mit Bauschutt aufgefüllten Lehmgrube entstanden zwei zu zweit parallel angeordnete, gegeneinander versetzte Häuserzeilen, die sich bewusst durch die expressiv ausformulierte Volumetrie von den zeitgenössischen, vom Bauwirtschaftsfunktionalismus geprägten Wohnscheiben absetzen und von einem gemeinsamen Fußgängerdeck auf Ebene des ersten Obergeschosses aus erschlossen werden; das ursprünglich inmitten dieses Hofparks geplante Gemeinschaftszentrum blieb unrealisiert. Die der Monotonie entgegenwirkende Differenzierung der Baukörper zeigt sich nicht nur in der sich in der Längsrichtung offenbarenden Ausbildung als sich aufgipfelndes Wohnmassiv, sondern auch im Querschnitt mit seiner Stapelung unterschiedlicher Wohntypologien. Die vier unteren Geschosse beinhalten großzügige, nach Norden und Süden orientierte, um kleine Atrien angeordnete Terrassenwohnungen. Darüber ist eine Kommunikationsebene als öffentliche Wegebene mit Gemeinschaftsräumen situiert, über der die Baukörper emporragen. Diese umfassen Wohnungen unterschiedlicher Größe und unterschiedlichen Typs – Kleinwohnungen, Ateliers, Maisonetten und Dachterrassenwohnungen. Insgesamt birgt die Siedlung 522 Wohneinheiten, wobei die Wohnungsgröße zwischen 45 und 125 Quadratmetern variiert. ¶ Partizipation und Individualisierung wurden auf beispielhafte Weise bei der Planung berücksichtigt: Die zukünftigen Bewohnerinnen und Bewohner konnten nicht nur – in den Planungsprozess eingebunden – zwischen 24 Wohnungstypen auswählen, sondern zudem dank des großzügigen Rasters und der zentralisierten Installationsschächte die Konfiguration der Innenräume und die Außenwandabschlüsse zu den Terrassen bestimmen und darüber hinaus die Materialien des Innenausbaus sowie die Bepflanzung. ¶ Der Typus der Terrassenhäuser war in den

Graz PURPUR.ARCHITEKTUR Wohnbau GOGO St. Georgengasse/ Orpheumgasse

Nach diesem Ausflug an die Hänge oberhalb der Innenstadt besuche ich den Kalvarienberg am rechten Murufer. Ich steige über Treppen und Rampen hinauf bis zur Kreuzigungsgruppe und lasse meinen Blick über die Stadt schweifen. ¶ Wie es einst vorgesehen war, steige ich auf der Westseite des Bergs wieder hinab und biege ein in die alte Allee. Dem Prozessionsweg folgend, bewege ich mich Richtung Zentrum. Ich passiere den Lendplatz und wende mich hinter der Mariahilferkirche nach rechts. Noch um zwei Ecken herum und ich stehe vis-à-vis vom Kulturzentrum Orpheum vor einem der jüngsten Beispiele für eine gelungene Stadtreparatur im Grazer Annenviertel. Das schlechteste an dem Projekt ist der unsäglich alberne Name: GOGO, eine Buchstabenkombination, dies sich irgendwie aus der doppelten Postadresse des Komplexes ableiten soll, der an St. Georgengasse und Orpheumgasse liegt. Ich habe das mit der Auferstehung am Fuß des Kalvarienbergs missverstanden und wünsche mir für den Erfinder das ewige Fegefeuer… ¶ Noch vor ein paar Jahren war das hier, an der ersten Parallelstraße nördlich der Annenstraße, eine wenig attraktive Ecke des Grazer Zentrums. Die Bauflucht der St. Georgengasse verebbte in einem dreigeschossigen Gründerzeithaus, dahinter schob sich eine Lagerhalle für Südfrüchte Richtung Orpheumgasse, die Ecke war unbebaut geblieben. ¶ Die sukzessive Aufwertung des Annenviertels, die insbesondere durch den Bau des Kunsthauses von Peter Cook und Colin Fournier befeuert wurde, war eine günstige Voraussetzung für die Schließung der komplizierten innerstädtischen Baulücke. Die Lagerhalle musste partiell abgerissen werden und die Investoren erhielten die Auflage, in ihrem Baukomplex Ersatz für die eliminierte Hallenfläche zu schaffen. ¶ Das Architekturbüro PURPUR konzipierte eine insgesamt sechsgeschossige, winkelförmig und an der Ecke abgeschrägte Bebauung, welche den Block schließt und sich mit drei Geschossen über das bestehende Haus an das im Zuge der Baumaßnahmen sanierte Gründerzeithaus an der St. Georgengasse

1 „Arbeiten junger österreichischer Architekten", in: *Bauen+Wohnen*, H. 2/1968, S. 70–76.
2 Hubert Hoffmann, „Auflockerung durch Verdichtung", in: ebd., S. 37–40.

Terrassenhaussiedlung St. Peter, Graz (Terrace Estate)

In 1967, the Austrian Society for Architecture held a path-breaking, two-part exhibition entitled *Neue städtische Wohnformen* (New Forms of Urban Living), which put international and Austrian examples in relationship to one other. The Austrian contributions – from Hans Puchhammer and Gunther Wawrik, Viktor Hufnagl, the Werkgruppe Graz, Rupert Falkner, Wolfgang and Traude Windbrechtinger, Wilhelm Holzbauer, Hans Hollein and Ivo Waldhör – were published the following year in an issue of the trade magazine *Bauen+Wohnen*[1] dedicated to housing construction, which also contained an article by Hubert Hoffmann[2] on the topic of densification. The Terrace Estate in the north of St. Peter, which is Graz's Eighth District, was built between 1972 and 1978 according to a plan drawn up by the Werkgruppe Graz in 1965/66. Not only can it be regarded as the Werkgruppe's main work, but also as a milestone of housing construction at that time – and as a paramount example of participatory construction, one of the most important topics in Graz and Styria since the Sixties. ¶ Two rows of houses, arranged in pairs in a parallel fashion and offset from each other, were built upon a plinth over a clay pit filled with building rubble. Through the expressively formulated volumetry, they consciously contrast with the contemporary apartment slabs defined by construction industry functionalism, and can be accessed from a common pedestrian deck on the first upper-storey level. The community centre originally planned in the courtyard park was never realized. Counteracting the monotony, the differentiation of the structures is not only revealed in the lengthwise manifesting design as a towering housing estate, but also in the cross-section, with its stacking of various living typologies. The four lower storeys are comprised of spacious, north- and south-facing terrace flats that are arranged around small atriums. Situated above is a publically accessible communication level with community rooms, which the high-rise structures tower over. These contain flats of different sizes and different types – small flats, studios, maisonettes and penthouses. In total, the estate has 522 living units with flat sizes ranging between 45 and 125 square meters. ¶ Participation and individualisation were exemplarily incorporated into the planning phase: The future residents – involved in the planning process – could not only choose between 24 types of flats, but, thanks to the generous grid and the centralised installation shafts, could also determine the configuration of the inner rooms and the exterior wall borders to the terrace, as well as the material of the interior fittings and the planting of vegetation. ¶ Terrace houses had become popular in the late Fifties, particularly in Switzerland. The estate designed by Fritz Stucky and Rudolf Meuli on the Terrassenweg in Zug (1957–61) and the subsequent housing complexes

Werkgruppe Graz: Terrassenhaussiedlung St. Peter Terrace estate, Graz, 1965–78

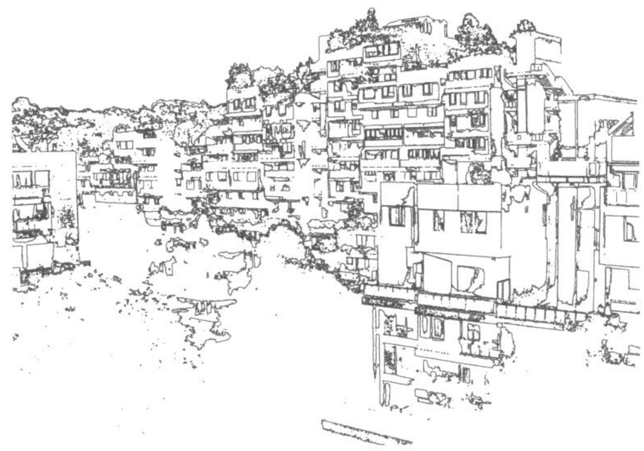

Graz PURPUR.ARCHITEKTUR GOGO Residential Housing Project

After this excursion on the hillsides above the city centre, I visit the Kalvarienberg (Calvary Mountain) on the right bank of the Mur. I climb over stairs and ramps up to the Crucifixion Group and let my sights wander over the city. ¶ As it was once intended, I walk down the west side of the hill again and turn into the old avenue. Following the processional route, I move in the direction of the city centre. I pass the Lendplatz and turn to the right behind the Mariahilferkirche. Two corners later I am standing opposite the Orpheum Cultural Centre in front of one of the latest examples of successful city redevelopment in the Annenviertel (Annen Quarter) of Graz. The worst thing about the project is its silly name: GOGO, a combination of letters that should somehow derive from the double post address of the complex at St. Georgengasse and Orpheumgasse. I mistook that to be the resurrection at the foot of Kalvarienberg and wish eternal purgatory to its inventor ... ¶ A few years ago, on the first parallel street north of the Annenstraße, this was an unattractive corner of the Graz city centre. The building line of St. Georgengasse ebbed into a three-storey Gründerzeit house; behind it, a tropical fruits warehouse pushed its way towards Orpheumgasse; the corner remained undeveloped. ¶ Especially fuelled by the construction of Peter Cook's and Colin Fournier's Kunsthaus, the successive upgrading of Annenviertel was a favourable precondition for closing the complicated inner-city building gap. The warehouse had to be partially knocked down and the investors were obliged to provide a replacement for the eliminated hall space in their building complex. ¶ The architectural office PURPUR conceived a six-storey, angular construction tapered at the corner, which closes the block and pushes its three storeys over the existing house towards the Gründerzeit house renovated in the course of the building operations on St. Georgengasse. Complying with the building regulations, both of the top storeys slope backwards and, with

1 "Arbeiten junger österreichischer Architekten", in: *Bauen+Wohnen*, vol. 2/1968, pp. 70–76. **2** Hubert Hoffmann, "Auflockerung durch Verdichtung", in: ibid., pp. 37–40.

späten fünfziger Jahren besonders in der Schweiz populär geworden; als Pionierbauten gelten die Siedlung von Fritz Stucky und Rudolf Meuli am Terrassenweg in Zug (1957 – 61) und die folgenden Anlagen von Hans Ulrich Scherer und dem team 2000 in Klingnau und Umiken (1959 – 66).[3] Im Sinne eines verdichteten Wohnungsbaus sollten sie die Vorzüge des Einfamilienhauses mit jenen des Hochhauses verbinden. Dabei erwies sich indes in Hanglagen das Argument eines landschaftsschonenden Bauens als Illusion. Der Werkgruppe Graz kommt das Verdienst zu, den Terrassenhaustypus von der suburbanen Hanglage getrennt und als Sockel einer dezidiert urbanen Wohnbebauung ausformuliert zu haben. Als großmaßstäbliche Siedlung mit einem heterogenen Wohnungsangebot hat die Terrassenhaussiedlung St. Peter bis heute nichts von ihrer Überzeugungskraft verloren. Zur Identifikation der Bewohner mit ihrem Wohnumfeld hat sicherlich – wie bei der anhaltend beliebten Siedlung Halen von Atelier 5 bei Bern[4] – die Tatsache beigetragen, dass es sich nicht um Miet-, sondern um Eigentumswohnungen handelt und damit eine Ghettoisierung durch eine falsche Belegungspolitik vermieden wurde. ¶ War die zweifellos radikalere Ragnitz von Domenig / Huth Utopie geblieben, so steht die Terrassenhaussiedlung für die realisierte Vision eines neuen Wohnens der sechziger und siebziger Jahre. Wie sehr sich die Parameter binnen einer Dekade verändern sollten, zeigt die unmittelbar benachbarte Wohnhausanlage Wienerberger-Gründe von Ralph Erskine und Hubert Rieß. Der brutalistische Gestus gehörte mittlerweile der Vergangenheit an; prägend wurde eine Selbstbau-Ästhetik, die im Bauen Skandinaviens oder in der Sea Ranch von Charles Moore ihre Vorbilder hat. ¶ Ob St. Peter, ob Wienerberger-Gründe: verglichen mit diesen paradigmatischen Konzepten nehmen sich die heutigen Versuche eines verdichteten Siedlungsbaus am Stadtrand bescheiden aus. Die Wohnsiedlung Alphawolf von Pentaplan (2003 – 06) etwa, die als Alternative zum freistehenden Einfamilienhaus gedacht ist, besitzt eine zu geringe Dichte, als dass hier von einer markanten Gesamtfigur, geschweige denn von ressourcenschonendem Bauen zu sprechen wäre.

Studentenwohnheim am Hafnerriegel, Graz

Kein Gebäude der frühen sechziger Jahre verkörpert den beginnenden gesellschaftlichen Aufbruch in stärkerem Maße als das Studentenwohnheim am Hafnerriegel[5] im VI. Grazer Bezirk 1960, zu Planungsbeginn, standen für Studierende entweder teure Privatunterkünfte oder Wohnheime mit an Korridoren aufgereihten Zimmern zur Verfügung. Die Mitglieder der Werkgruppe Graz, die kurz zuvor ein Wohnheimprojekt für Wien entwickelt hatten, fanden erst mit diesem Entwurf wirklich zusammen: Eugen Gross, Friedrich Groß-Rannsbach, Werner Hollomey, Hermann Pichler – junge Architekten, die gerade erst an der TU diplomiert hatten. Für die Österreichische Studentenförderungsstiftung, die

schiebt. Entsprechend dem gültigen Baureglement fliehen die oberen beiden Geschosse zurück und wirken mit ihren eingeschnittenen Dachterrassen halb wie ein ausgebautes Dach und halb wie ein doppelgeschossiger Dachaufsatz. Für die unteren Geschosse entstanden Außenräume in Form von Balkonen auf der Hofseite. ¶ Insgesamt enthält der Baukörper 28 Eigentumswohnungen in einer für den zeitgenössischen Wohnungsbau in Graz ungewöhnlichen Vielfalt von Typologien – von der Kleinwohnung über den Lofttyp und die Maisonettewohnung bis hin zum Penthouse, wobei die Größen zwischen 35 und 135 Quadratmetern variieren. Das ist – neben der urbanistischen Setzung – meiner Meinung nach die wesentliche Qualität des Projekts. Bei den Wohnungen selbst achteten die Architekten auf größtmögliche Flexibilität der Raumaufteilung. Frei stehende Tragwerkstützen erlauben unterschiedliche Raumkonfigurationen, doch die Idee der Schiebewände stieß nur bei einigen der Eigentümer auf Gegenliebe. Auch für den Vorschlag, die Sichtbetonwände unverputzt zu lassen, konnten sich nur manche Bewohner erwärmen: Bei Wohneigentum stoßen die Vorstellungen von Architekten schnell an ihre Grenzen. Umgesetzt werden konnte der gewünschte Variantenreichtum hingegen bei den Fenstern, die teils auf Brüstungshöhe beginnen, teils tiefer hinuntergezogen sind oder auch ganz als geschosshohe Festverglasungen umgesetzt wurden. Die somit erzielte Vielfalt prägt entscheidend das Bild der Fassade, deren schwer definierbarer Farbton gut mit jenem des Parkhauses gegenüber und dem Anthrazit des Orpheum harmoniert. Über dem Bestandsgebäude an der St. Georgengasse wurde der Aufbau mit einem Metallraster versehen, das die helle Farbe des Sockelbaus aufgreift und formal wie farblich im engen Rhythmus der Balkongitterstäbe auf der Hofseite nachhallt. Wenn man dem Projekt etwas vorwerfen wollte, dann vielleicht, dass hier zuviel auf zu wenig Raum versucht wurde: etwas unruhig und überinstrumentiert wirkt der Komplex durchaus. Aber es ist mir lieber, wenn

3 Vg. Hans Ulrich Scherer, „Terrassenhäuser", in: *Werk*, H. 6/1966, S. 23 – 29; Lucius Burckhardt / Urs Beutler, *Terrassenhäuser*, Winterthur 1968. **4** Vgl. Hubertus Adam, „‚... really doing honor to Switzerland'. Die Siedlung Halen, ihre Entstehung und Rezeption", in: Heinz J. Zumbühl et al. (Hg.), *Siedlung Halen. Meilenstein moderner Siedlungsarchitektur*, Bern u. a. 2010, S. 21 – 30. **5** Vgl. www.werkgruppegraz.at/1400/04/wegphase01.html.

by Hans Ulrich Scherer and team 2000 in Klingnau and Umiken (1959–66) are considered as pioneering buildings.[3] In the sense of densified housing construction, they should combine the amenities of a single-family house with those of a high-rise. On the hillsides, however, landscape-friendly construction proved to be an illusion. The Werkgruppe Graz can be merited with having formulated the terrace house type apart from the suburban hillside and as the base of a decidedly urban housing development. As a large-scale estate with a heterogeneous housing offer, the Terrace Estate St. Peter has lost none of its persuasive power to this day. Undoubtedly contributing to the residents' sense of identification – as is the case with the long-popular Siedlung Halen by Atelier 5 in Bern[4] – was the fact that this project did not concern rented flats, but rather owner-occupied ones, and that a ghettoisation through a wrong occupancy policy was avoided. ¶ If the doubtlessly more radical Ragnitz project of Domenig and Huth had remained a utopia, the Terrace Estate St. Peter stands for the realised vision of a new form of living of the Sixties and Seventies. To which extent the parameters were to change within a decade is shown by the directly adjacent Wienerberger-Gründe housing complex by Ralph Erskine and Hubert Rieß. The Brutalist gesture has meanwhile become a thing of the past; a do-it-yourself aesthetic that finds its models in the buildings in Scandinavia or Charles Moore's Sea Ranch became defining. ¶ Whether the Terrace Estate St. Peter or the Wienerberger Gründe: Compared with those paradigmatic concepts, today's attempts at densified housing development in the suburbs look rather modest. The Alphawolf housing estate by Pentaplan, for instance, which is conceived as a contemporary alternative to the free-standing single-family house, has much too small a density to be able to speak of a distinctive unified figure, let alone of a resource-saving construction.

Student Dormitory on Hafnerriegel, Graz

No building of the early Sixties embodies the incipient social change to a greater extent than the student dormitory on Hafnerriegel,[5] located in Jakomini, Graz's Sixth District, which lies south of the inner city. As the planning of the edifice began in 1960, students only had overpriced private accommodation or dormitories with rooms lined up along corridors to choose from. The members of the Werkgruppe Graz, who had just previously developed a dormitory project for Vienna, really came together first with this design: Eugen Gross, Friedrich Groß-Rannsbach, Werner Hollomey, Hermann Pichler – young architects and recent graduates of the Technical University. They built a dormitory with a fully novel typology for the Österreichische Studentenförderungsstiftung (Austrian Student Promotion Foundation), which was given the plot of land by the City of Graz. Separate living

their cut out roof terraces, appear half like a converted attic and half like a double-storey roof attachment. Outdoor spaces for the lower storeys were created in the form of new balconies on the courtyard side. ¶ In total, the building contains 28 owner-occupied flats in one of the variety of types that are unusual for contemporary apartment construction in Graz – ranging from a small flat, to a loft and a maisonette, to a penthouse, with sizes varying between 35 and 135 square metres. This is – in addition to the urbanistic setting – the essential quality of the project in my opinion. In the flats themselves, the architects paid attention to the largest possible flexibility of the room arrangement. Freestanding framework supports enable various room configurations, yet the idea of a sliding panel found favour with just a few of the owners. And only some of the residents could also warm up to the suggestion of leaving the exposed concrete wall unplastered. With residential property, the ideas of the architects quickly reach their limits. However, the desired wealth of variations could be implemented with the windows, which partly begin at railing height, are partly drawn deeper down or also were applied as full-height fixed glazing. This resulting variety decisively characterises the image of the façade, whose hard-to-define colour tone harmonises well with that of the parking garage opposite and the anthracite of the Orpheum. The structure above the existing building on St. Georgengasse was fitted with a metal grid that picks up on the bright colour of the basement and reverberates formally as well as colour-wise in the tight rhythm of the balcony stanchions on the courtyard side. If one wanted to accuse this project of something, then perhaps that too much was attempted on too little space; the complex has a somewhat unquiet and over-orchestrated feeling to it. But I would rather have something overshoot its mark than let despondency reign. There is enough of that already. ¶ Owing to favourable rents, members

3 Cf. Hans Ulrich Scherer, "Terrassenhäuser", in: Werk, 1966, vol. 6, pp. 23–29; Lucius Burckhardt / Urs Beutler, Terrassenhäuser, Winterthur 1968. **4** Cf. Hubertus Adam, "'... really doing honor to Switzerland'. Die Siedlung Halen, ihre Entstehung und Rezeption", in: Heinz J. Zumbühl et al., Siedlung Halen. Meilenstein moderner Siedlungsarchitektur, Bern–Stuttgart–Wien 2010, pp. 21–30. **5** Cf. www.werkgruppe-graz.at/1400/04/wegphase01.html.

das Grundstück von der Stadt Graz übergeben bekam, realisierten sie ein Wohnheim mit einer völlig neuen Typologie. Jeweils fünf Einzel- oder drei Doppelzimmer bilden zusammen mit einer Küche und den Nasszellen separate Wohneinheiten. Im Gegensatz zur klassischen West-Ost-Orientierung von Wohnbauten der Moderne nach Norden, Osten, Süden und Westen ausgerichtet, gruppieren sie sich windmühlenflügelartig um einen zentralen Erschließungskern mit Treppe und Liften. Dabei ist jede Einheit um ein Viertelgeschoss versetzt, besetzt also ihr eigenes Niveau – auf durchgehende Geschossplatten wurde verzichtet. Der Versprung lässt sich auch an der Fassade ablesen; spindelförmig klimmt das aus Viertelgeschosse überwindenden, rechtwinklig zueinander stehenden Läufen bestehende Treppenhaus bis zum 19. Geschoss empor und mündet in die Dachterrassenlandschaft. Ihr gegenläufiges Pendant findet die interne Wegstruktur in der expressiven, ja organisch ausgebildeten und brutalistisch anmutenden Fluchttreppe aus Sichtbeton vor der Westfassade, deren kontinuierliche Schwingung durch die im Abstand von vier Geschossen weiter ausgreifenden Plattformen rhythmisiert wird. Die Werkgruppe verstand die virtuose Wegeführung als Reverenz an die Doppelwendeltreppe in der Grazer Burg, der sie auch etwas später mit der doppelten Erschließung des in der Achse der Zinzendorfgasse liegenden hexagonalen Studentenhauses Tribut zollten. ¶ Zeichensäle, Sozial- und Technikräume befanden sich am Hafnerriegel in den Sockelgeschossen; weitere Gemeinschaftseinrichtungen waren in einem unrealisierten Flachbau vorgesehen, der an das über einem quadratischen Grundriss errichtete Haus von knapp 50 Metern Höhe anschließen sollte. ¶ Das 1964 fertiggestellte Gebäude beherbergte 360 Studierende; dass auf Geschlechtertrennung verzichtet wurde, war ebenso neu wie die Idee einer kollektiven Wohnstruktur, die sich nicht aus Einzelzimmern, sondern aus kleinen Wohneinheiten – Frühformen von Wohngemeinschaften – zusammensetzt. ¶ Ungewöhnlich für die Zeit war auch die Konstruktion des Gebäudes, das unter Verzicht auf eine Außeneinrüstung mit einem Gleitgerüst wie im Brückenbau realisiert wurde. Die vorgehängten Steinplatten sind elastisch installiert, so dass Spannungen abgefangen werden. ¶ Leider hat der Grazer Gemeinderat 2010 entschieden, das unveränderte, wiewohl sanierungsbedürftige Studentenwohnheim aus seiner Nutzung zu entlassen und einem Investor zu übergeben, der es umbauen will. Mit diesem Projekt ist der Architekt Hermann Eisenköck betraut, der Mitglieder der früheren Werkgruppe Graz als Konsulenten hinzuzieht. So mag die schlimmste Gefahr abgewendet sein, ob es aber zu einer Lösung kommt, die einer Inkunabel der sechziger Jahre – die Architekturhistorikerin Simone Hain spricht gar vom „Erstling der ‚Grazer Schule'"[6] – gerecht zu werden vermag, bleibt abzuwarten. Eine ernsthafte denkmalpflegerische Auseinandersetzung mit dem Baubestand dieser Zeit steht leider immer noch aus.

Werkgruppe Graz: Studentenwohnheim am Hafnerriegel
Student Dormitory, Graz, 1961–64

etwas über das Ziel hinausgeschossen wird, als wenn Mutlosigkeit regiert. Denn davon gibt es schon genug. ¶ Dank günstiger Mieten haben sich im amputierten Hofgebäude mit seiner offenen Balkenstruktur im Inneren Angehörige jenes Wirtschaftszweigs angesiedelt, den man heute gerne Kreativwirtschaft nennt. Nur für die Erdgeschossräume des Neubaus, welche ja die Kompensation für den abgebrochenen Teil der Halle darstellen, hat sich zumindest bis zu meinem Besuch noch kein Interessent gefunden. Für die Kreativwirtschaft ist es hier zu teuer, während finanzkräftigere Mieter attraktive Lagen mit Laufkundschaft bevorzugen. Selbst wenn die Annenstraße nur ein paar Schritte entfernt ist: Die Orpheumgasse als belebt zu bezeichnen, käme mir nicht in den Sinn, Aufwertung des Annenviertels hin oder her.

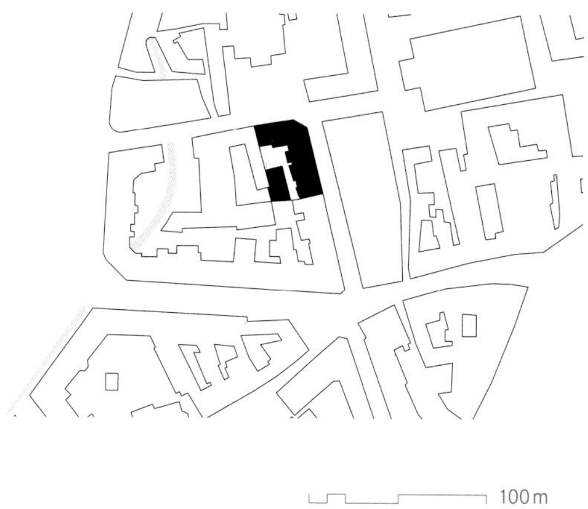

6 www.gat.ubh01.sysup.at / pages / de / nachrichten / 4532.html?ls = 1d3fe686ca61d 2a07dfd58e506b811a0.

units are respectively comprised of five single rooms or three double rooms, together with a kitchen and a bathroom. In contrast to the classic west-east orientation of residential buildings of the Modern period, the living units are facing north, east, south and west, forming a group around a central development core with stairs and lift shafts in a windmill vane-like manner. Each unit is thereby offset by a quarter storey and occupies its own level – end-to-end floor slabs were not used. This offset can also be seen in the façade; the staircase, which consists of flights of stairs that overcome the quarter storeys and stand at right angles to each other, climbs in a spindle-like form up to the 19th storey and flows into a roof terrace landscape. Its counterpart finds the internal path structure in the exposed concrete emergency stairs expressively protruding from the west façade in an organically-formed and Brutalistic-appearing manner, whose continuous vibrancy is rhythmised by the jutting platforms that are spaced every four storeys. The Werkgruppe Graz regarded the masterly path structure as a tribute to the double spiral staircase in the Graz Castle, which they later paid homage to with the double access of the hexagonal student dormitory planned in the Third District of Graz, which rises upwards in the axis of the Zinzendorfgasse. ¶ Community rooms, art rooms and the technical areas were located in the base storeys of Hafnerriegel; further community facilities were to be provided in a flat-roofed building that was to be attached to the 50-metre-tall high-rise structure developing out of a square ground plan, but was never constructed. ¶ Completed in 1964, the building housed a total of 360 residents; as there was no gender segregation at Hafnerriegel, the idea of a collective living structure that was not composed of single rooms, but rather of small living units – early forms of flat-sharing communities, so to speak – was like-wise considered as a novelty. ¶ Also unusual for the early Sixties was the way in which the building was erected – using a sliding scaffold, like in bridge construction. The face-mounted stone plates are elastically installed, so that tensions can be absorbed. ¶ Regrettably, the Graz City Council decided on 21 October 2010 to decommission the dormitory, which is unchanged but in need of renovation, and transfer it to an investor who wants to convert it. The architect Hermann Eisenköck has been entrusted with this project, and he will call in members of the earlier Werkgruppe Graz as consultants for the renovation. Thus, the worst danger may have been averted – whether it comes to a solution that does justice to an incunabulum of the Sixties – the architecture historian Simone Hain even speaks of a "firstling of the Graz School"[6] – remains to be seen. A serious examination of the buildings of the Sixties from a monument conservation perspective is unfortunately still a desideratum.

of the economic sector one nowadays likes to call "creative industries" are located in the amputated courtyard building featuring an open beam interior structure. Up to the time of my visit, no prospective tenants had been found for the ground floor rooms of the new building, which compensates for the torn down part of the warehouse. It is too expensive here for the creative industries, while more affluent renters prefer attractive locations with walk-in customers. I would never think of calling the Orpheumgasse "lively", Annenviertel gentrification or not.

3. Obergeschoss
3rd floor

4. Obergeschoss
4th floor

6 www.gat.ubh01.sysup.at/pages/de/nachrichten/4532.html?ls=1d3fe686ca61d2a07dfd58e506b811a0.

ViLA NM

Das „Blob-to-Box-Modell" zeigte sich beispielhaft an der ViLA NM von UN Studio in Upstate New York, ungefähr zwei Autostunden von Manhattan entfernt. Von Wald und Wiesen umgeben, wird die 7.000 Quadratmeter große Parzelle, die als Bauplatz zur Verfügung stand, von der Hanglage geprägt. Die Architekten reagierten auf diese Situation mit einer Box, die sich – das sanfte Gefälle ausnutzend – talwärts in zwei kleinere Boxen verzweigt. Eine davon liegt am Boden, die andere ist in die Höhe gestemmt und berührt die untere mit einer Kante. Bei einer jeweiligen Raumhöhe von drei Metern gibt es insgesamt drei Niveaus, die im Sinne eines Split-Level-Konzepts um eineinhalb Meter gegeneinander versetzt sind. Man betritt das Gebäude am tiefsten Punkt. Beide Hausseiten zeigen sich in einem labilen Gleichgewicht: Der großen Box mit acht Metern Breite und zehn Metern Tiefe antworten die zwei kleineren Boxen mit einem identischen Raumvolumen, das sich aber in einen (unteren) vier Meter breiten und einen (oberen) sechs Meter breiten Raum aufspaltet. ¶ Die entwerferische Herausforderung bestand in der Lösung der Frage, wie sich die beiden Teile konstruktiv miteinander verbinden lassen. Das vier Meter breite Mittelstück im Inneren, der transitorische Raum zwischen den drei Niveaus, stellt einen komplexen Raumknoten dar. Nur in diesem Raumknoten wird die orthogonale Raumstruktur verlassen, nur hier treten gekrümmte Flächen auf. Was auf der einen Seite des Hauses Wand ist, wird auf der anderen Seite zum Boden – und umgekehrt. Gelöst wurde das Problem durch fünf Bauteile, die jeweils um eine horizontale Achse verdreht sind. So entstehen kontinuierliche Stränge aus horizontalen und vertikalen Elementen, welche sich über die gesamte Länge des Baus erstrecken. Eine gabelförmige Durchwegung dient als Erschließung. Wie eine Knautschzone vermittelt dieser elastisch gestaltete Erschließungsbereich zwischen den beiden verschiedenen Funktionsbereichen und den drei unterschiedlichen Niveaus.

UN Studio: ViLA NM, Upstate New York, 2000–07; Innenansicht Interior view

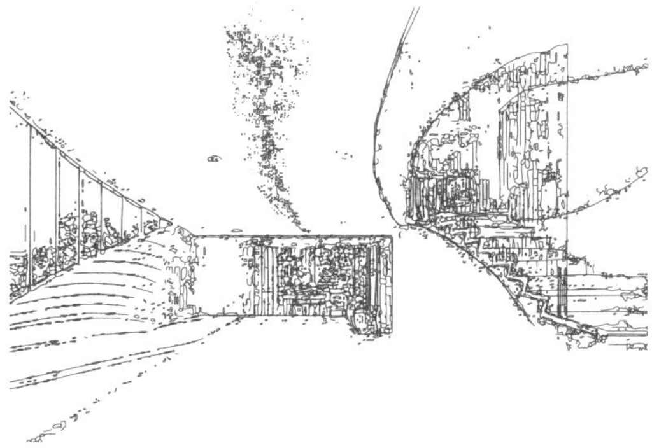

Graz
UN Studio
MUMUTH

Am Nachmittag besuche ich die Kunstuniversität Graz, die mit ihren 2.100 Studierenden und 400 Lehrpersonen als eine international renommierte Ausbildungsstätte gilt. Aus der 1816 von Bürgern der Stadt gegründeten Singschule des Akademischen Musikvereins hervorgegangen, kann die Universität für Musik und darstellende Kunst auf eine zweihundertjährige Geschichte zurückblicken und hat ihr Lehrangebot im Laufe der Zeit erweitert und diversifiziert. Unterrichtet werden in 13 Studienrichtungen nicht nur klassische Disziplinen wie Gesang, Komposition, Dirigieren, Schauspiel oder Bühnengestaltung, sondern auch Jazz und Tontechnik. ¶ Seit 1971 ist die Universität im Palais Meran ansässig, dem früheren Stadtschloss von Erzherzog Johann im zweiten Stadtbezirk, einem Gebäude aus der ersten Hälfte des 19. Jahrhunderts. Damit konnten zwar viele Lehraktivitäten an einem Ort gebündelt werden, doch ein angemessener Ort für studentische Darbietungen, Konzerte oder Musiktheateraufführungen blieb ein Desiderat. Eine gewisse Linderung des Problems ergab sich durch den Umbau der dem Palais Meran östlich benachbarten Remise zum Theater im Palais; allerdings erlaubten die beschränkten Räumlichkeiten weder den Einbau von Probesälen noch die Integration von Werkstätten oder Bereichen für die Requisite – ganz abgesehen davon, dass die technische Ausstattung nicht der für unterschiedliche Darstellungsformen gewünschten Flexibilität entsprach. ¶ Da der an das Palais Meran anschließende Park aus Gründen des Naturschutzes nicht als Bauplatz zur Verfügung stand, fiel die Entscheidung, das nördlich der Remise stehende Finanzamt abzureißen und an seiner Stelle ein Konzerthaus zu errichten, das auf ein seit MoMA, MAK und MUMOK für Kulturinstitutionen offenbar unvermeidliches kryptisches Akronym hört: MUMUTH, Haus für Musik und Musiktheater. Unter 212 Einsendungen kürte die Jury unter Vorsitz von Daniel Libeskind 1998 das Projekt von UN Studio aus Amsterdam zum Sieger. Es war die Zeit, in der Ben van Berkel und seine Partnerin Caroline Bos aus Gründen der faktischen Arbeitsteiligkeit ihre Bürostruktur reorganisierten und einen neuen Namen erfanden: aus Van Berkel & Bos wurde UN (United Net) Studio. Ob der verständliche Wunsch, den Namen der

ViLA NM The "blob-to-box model" shows itself exemplarily in the ViLA NM by UN Studio in Upstate New York, about two hours by car from Manhattan. Surrounded by forest and meadow, the 7.000-square-metre plot, which was available as a building site, is characterised by the hillside slope. The architects reacted to this situation with a box which – utilising the gentle slope – branches off into two smaller boxes in the direction of the valley. One of them lies on the ground; the other is lifted into the air and touches the one below with one edge. At a respective room height of three metres, there are three levels in total, which are offset 1.5 metres from each other in the sense of a split-level concept. One enters the building at its deepest point. Both sides of the house appear to be in an unstable balance: the big box measuring eight metres in width and ten metres in depth is answered by the two smaller boxes with an identical room volume that however splits into a (lower) four-metre-wide room and an (upper) six-metre-wide room. ¶ The design challenge consisted of solving the question of how both of the parts could be connected to each other constructively. The four-metre-wide middle piece in the inside, which is a transitory space between the three levels, represents a complex spatial knot. The orthogonal room structure is only left in this spatial knot; curved surfaces only appear here. What is the wall on one side of the house becomes the floor on the other side – and vice versa. This problem was solved by five building components which are respectively rotated around a horizontal axis. In this way, continuous strands of horizontal and vertical elements stretching across the complete length of the construction are created. A furcated pathway serves as access. Like a crumple zone, this elastically designed access area mediates between the two different function areas and the three different levels.

UN Studio: ViLA NM, Upstate New York, 2000–07; Außenansicht Exterior view

Graz
UN Studio
MUMUTH

In the afternoon I visit the Kunstuniversität Graz (University of Music and Dramatic Arts), with its 2,100 students and 400 instructors, an internationally renowned educational institution. Originating from the "Singschule des Akademischen Musikvereins" (Vocal School of the Academic Music Association) founded by the citizens of the city in 1816, the Kunstuniversität can look back upon a two-hundred-year history and has expanded and diversified its programme over the course of time. Instruction in 13 fields of study is offered, not only classical disciplines such as song, composition, conducting, acting or stage design, but also jazz and audio engineering. ¶ Since 1971, the university has been located in the Palais Meran, the former city palace of Archduke Johann, a building from the first half of the 19th century in the city's Second District. Many teaching activities could be bundled into one place, but a suitable location for student presentations, concerts or music theatre performances remained wishful thinking. The problem was somewhat eased by the reconstruction of the neighbouring carriage house east of Palais Meran into the "Theater im Palais". However, the limited spaces allowed neither an installation of rehearsal rooms nor the integration of workshops or prop areas – quite apart from the fact that the technical equipment did not meet the flexibility desired for different forms of expression. ¶ As the park adjacent to Palais Meran was not available as a building plot for nature conservation reasons, the decision was made to knock down the tax office north of the carriage house. Erected in its place was a concert house that, since MoMA, MAK and MUMOK, answers to an apparently unavoidable cryptic abbreviation for cultural institutions: MUMUTH – Haus für Musik und Musiktheater (Music and Music Theatre House). Amongst 212 submissions, the jury headed by Daniel Libeskind chose the project of UN Studio from Amsterdam as the winner in 1998. At that time, Ben van Berkel and his partner, Caroline Bos, were reorganising their office structure to practically divide the labour and invented a new name: Van Berkel & Bos thus became UN (United Net) Studio. I meanwhile doubt whether the understandable

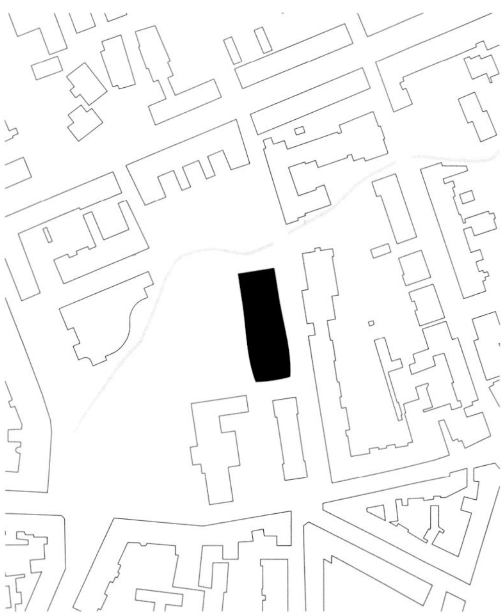

Protagonisten gegenüber einer gemeinsamen Marke in den Hintergrund treten zu lassen, wirklich erfolgreich ist, möchte ich indes bezweifeln; immer wenn ich seither für Tageszeitungen über Arbeiten von UN Studio geschrieben habe, wurde seitens der Redaktion der Name Ben van Berkel (allerdings notabene nicht auch der von Caroline Bos) in den Text an prominenter Stelle hineinredigiert. Doch das nur nebenbei. ¶ Ausgangspunkt für Entwurfskonzepte von UN Studio bilden häufig biologische und mathemathische, speziell topologische Strukturen und Modelle. Mit der rationalistischen Doktrin einer Spät-, Neo- oder Zweiten Moderne haben die Projekte des Büros nichts gemein, doch ebenso wenig folgen sie einer dekonstruktivistischen Idee des scheinbar zufälligen Arrangierens von Disparatem. Im Gegenteil: Die Architekten zeigen sich interessiert daran, Vielfalt auf einer höheren Ebene in Einheit zu überführen. Programmatisch zeigte sich das etwa beim „Möbius-Haus“ in Naarden (1999), dessen schleifenförmige Raumorganisation auf den Tagesrhythmus des Benutzerehepaars abgestimmt ist und Distanz sowie Nähe gleichermaßen ermöglicht. Dynamische Formen reagieren auf die Bewegung der Benutzer, Architektur wird um die Dimension der Zeit ergänzt. ¶ Als ihr zentrales Designprinzip bezeichnen van Berkel und Bos das „Inklusiv-Prinzip“. Statt Fragmentierung und Collage propagieren sie die nahtlose Verbindung heterogener Teile. Immer wieder geht es um die Auflösung der traditionellen Tektonik, indem tragende und lastende Elemente nicht mehr jeweils für sich ausgeformt werden, sondern sich zu einem Kontinuum verbinden wie beim NMR-Labor auf dem Campus der Universität Utrecht (2001). Eine wichtige Inspirationsquelle war hierfür die Schrift *Le Pli* von Gilles Deleuze; Betonfalten wurden in den neunziger Jahren zu einem beliebten Motiv der niederländischen Architektur, wie das Educatorium von OMA in Utrecht oder das Radiogebäude Villa VPRO von MVRDV in Hilversum beweisen. 1999 erschien *Move*, ein dreibändiges Kompendium der Projekte und Essays von UN Studio. ¶ Die Frage, wie sich ein multifunktionaler Aufführungssaal mit einem komplexen Raumprogramm aus Foyerbereichen, Proberäumen, Werkstätten, Garderoben und Büros verbinden ließe, beantwortete UN Studio in seinem Wettbewerbsentwurf mit einem Diagramm, das eine Spiralstruktur variierenden

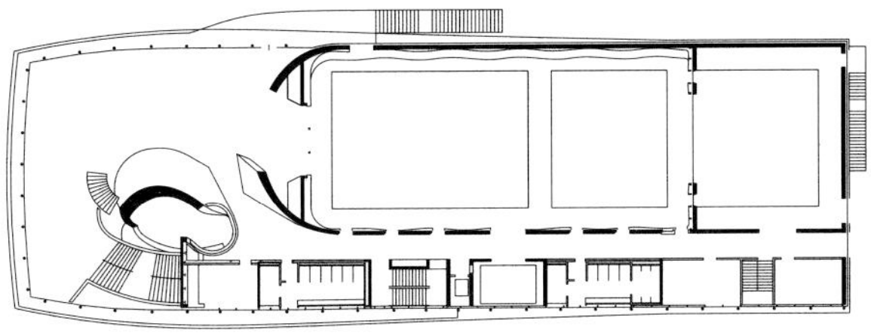

20 m

1. Obergeschoss
1st floor

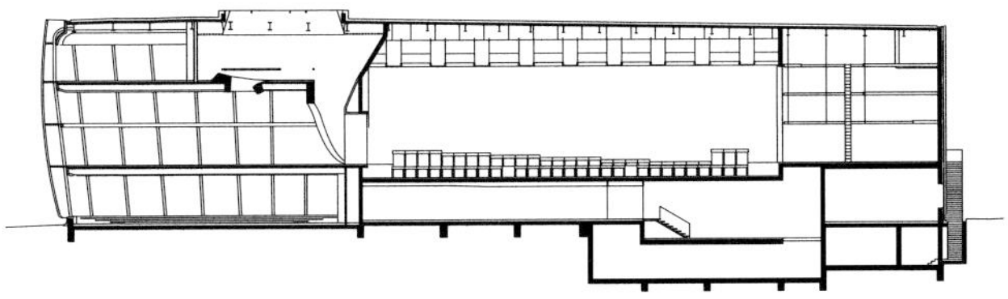

Längsschnitt
Longitudinal section

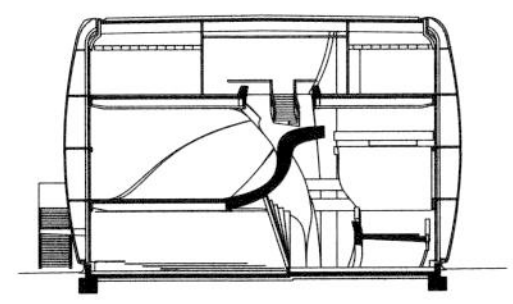

Querschnitt
Cross section

wish to replace the protagonists' names with a common brand name is really successful. Whenever I have written about works of the UN Studio for daily newspapers since then, the name Ben van Berkel (however, *nota bene,* not that of Caroline Bos) has been reedited in a prominent place of the text. But that is only by the way. ¶ Starting points for the design concepts of UN Studio are often biological, mathematical and especially topological structures and models. The projects of the office have nothing in common with the rationalistic doctrine of a Late, Neo- or Second Modernism, nor do they follow a Deconstructivist idea of a seemingly coincidental arranging of disparate elements. On the contrary, the Amsterdam-based architects are keenly interested in transforming variety on a higher level into unity. This was programmatically revealed in the "Möbius House" in Naarden (1999), whose loop-like space organisation is adapted to the daily rhythm of the couple who use it and equally enables distance as well as nearness. Dynamic forms react to the movement of the user; architecture is complemented by the dimension of time. ¶ Van Berkel and Bos refer to their central design principle as the "inclusive principle". Instead of fragmentation and collage, they propagate the seamless connection of heterogeneous parts. It repeatedly involves the dissolution of traditional tectonics, whereby supporting and weighing elements are no longer respectively formed separately, but combine into a continuum, as in the NMR Laboratory on the University of Utrecht campus (2001). An important source of inspiration for this was the work *Le Pli* (*The Fold*) by Gilles Deleuze; concrete folds became a popular motif of Dutch architecture at the end of the Nineties, as the Educatorium by OMA in Utrecht or the radio building Villa VPRO by MVRDV in Hilversum prove. *Move,* a three-volume compendium of projects and essays by UN Studio, was published in 1999. ¶ The question of how a multi-functional performance hall could be combined with a complex space plan of foyer areas, rehearsal rooms, workshops, dressing rooms and offices was answered by UN Studio in its competition design with a diagram showing a spiral structure of varying diameter that wound around the different functional areas. Clinched,

Durchmessers zeigte, die sich um die unterschiedlichen Funktionsbereiche wickelte. Gestaucht, ineinander geschoben, sozusagen komprimiert, sollte sich aus dieser Konfiguration das Volumen des MUMUTH samt seiner Binnengliederung ergeben. ¶ Eine derartige Idee umzusetzen, ist schwierig angesichts der trotz aller digitaler Entwurfstechniken immer noch vergleichsweise konservativen und eher handwerklich geprägten Ausführungspraxis. Wenn ich heute das zwischen 2006 und 2008 errichtete und am 1. März 2009 eröffnete MUMUTH besuche, so erinnert zwar das Gesamtvolumen an den Wettbewerbsentwurf, doch die Spiralstruktur ist nicht mehr zu erkennen. Ein Metallgewebe umhüllt das gesamte Volumen, dessen den bestehenden Universitätsbauten sich zuwendende Fassaden leicht konvex ausgebildet sind. Tagsüber, wenn es primär von den Studierenden genutzt wird, wirkt das Gebäude mit seinem grauen Fassadenkleid fast ein wenig unscheinbar – um abends, zu den Veranstaltungen, in allem Glanz zu erstrahlen. Verwehrt die Metallhülle des Tags Einblicke, so wird der Schleier nachts unsichtbar. Erst jetzt wird der doppelschichtige Fassadenaufbau erkennbar und entlang der Laufstege installierte LEDs in Grün, Blau und Rot verleihen dem MUMUTH je nach Programmierung ein unterschiedliches farbliches Gepräge, durch das hindurch die Foyerbereiche sichtbar werden, die von dem alle Ebenen verbindenden „Twist" beherrscht werden. Diese grandiose Treppen- und Rampenkonstruktion aus selbstverdichtetem Beton entwickelt sich aus der Wand des Großen Saals heraus und vereint Decken, Wände und Tragwerk zu einem faszinierenden Raumstrudel. Ingeniös empfinde ich insbesondere, wie es UN Studio in Kooperation mit Arup gelungen ist, die frei geformten Bereiche des Foyers bruchlos mit dem orthogonalen, nunmehr klar viergeschossig organisierten Nordteil des Gebäudes zu verbinden, mithin Dynamik in Statik übergehen zu lassen und umgekehrt. Zwei unterschiedliche Geometrien treffen aufeinander, ohne miteinander zu rivalisieren. Sie stehen nicht nebeneinander, sondern verschmelzen: aus den schmalen Institutskorridoren, die durchaus der Ökonomie der Mittel zu gehorchen haben, zieht es mich in das kraftvolle Foyer, in eine zeitgemäße Festarchitektur. Als „Blob-to-Box-Modell" benennen Ben van Berkel und Caroline Bos ihr Konzept, das sie – wenn auch im kleinen

pushed together, compressed, so to say, the volume of MUMUTH and its interior arrangement was to be a result of this configuration. ¶ Despite all of the digital design technologies, implementing such an idea is difficult in view of the still comparatively conservative and rather manually characterised design practice. Today when I visit the MUMUTH, built between 2006 and 2008 after years of delay and opened on 1 March 2009, the total volume is reminiscent of the competition design, but the spiral structure can no longer be recognised. A metal mesh drapes the whole volume. Its façades, which turn to face the existing university structures, are formed in slightly convex manner. During the day, when it is primarily used by students, the building appears almost a little inconspicuous in its grey façade gown – in order to radiate in all its splendour in the evening, when the events are held. Although the metal covering blocks the views by day, the veil becomes invisible at night. The double-layered façade construction is only now discernible, and, depending on the programming, the green, blue and red LEDs installed along the gangways lend the MUMUTH a different, colourful character visible throughout the foyer area, which is dominated by a "twist" connecting all of the levels. This superb staircase and ramp construction made of self-compacting concrete develops out from the wall of the Grand Hall and unifies ceilings, walls and supporting structures into a fascinating spatial swirl. I find it particularly ingenious how UN Studio, in cooperation with Arup, succeeded in seamlessly combining the freely formed areas of the foyer with the orthogonal north part of the building now clearly organised in four-storeys, consequently allowing dynamic to blend into static, and vice versa. Two different geometries encounter one other without rivalling each other. They do not stand beside one another, but merge: I am drawn out of the narrow institute corridors, which have to thoroughly obey the economy of means, into the vibrant foyer, into a contemporary festive architecture. Ben van Berkel and Caroline Bos call their concept a "blob-to-box" model, which they – although on a small scale – could put to test at the VilLA NM (2007) in Upstate New York, which burned down shortly after its completion. ¶ The "twist"

Maßstab – schon bei der kurz nach ihrer Fertigstellung abgebrannten VilLA NM (2007) erproben konnten. ¶ Der „Twist" verbindet die drei Säle des MUMUTH: den etwas vertieften Orchesterprobenraum im Erdgeschoss, den zur südlichen Gebäudestirn hin orientierten Probenraum auf der obersten Ebene und schließlich den großen multifunktionalen Saal auf Höhe des ersten Obergeschosses mit gut 500 Quadratmetern Grundfläche. Seit langem wünscht sich die Musikwelt einen Saal, der völlig unterschiedliche Möglichkeiten der Bespielung zulässt und in dem sich die Trennung zwischen Publikum und Bühne aufheben lässt. Das Konzept einer „salle modulable" stammt von Pierre Boulez, doch der erste Versuch, einen derartigen Konzert- und Theaterraum in Verbindung mit dem Neubau der Opéra de la Bastille in Paris zu realisieren, scheiterte. Wenig besser steht es inzwischen um das Projekt einer „salle modulable" in Luzern, in das ich in den Jahren 2009/10 im Vorfeld eines Architekturwettbewerbs involviert war. Als wichtigste Referenz für das Luzerner Projekt galt einhellig das MUMUTH, weil es die größte Nähe zu Boulez' Vision aufweist. 108 stufenlos verstellbare und bis zu drei Meter emporfahrbare Hubpodeste ermöglichen es, den Saal unterschiedlich zu konfigurieren. Dass die Schallquellen sich aufgrund der heterogenen Nutzungsszenarien nicht eindeutig fixieren lassen, stellte besondere Anforderungen an die Raumakustik. Das dreischichtige ornamentale Muster der Wandverkleidung, in dem sich Elemente von Notenschlüsseln wiederfinden, dient ebenso der Optimierung des Klangs wie Wellenstruktur und Neigung der Außenwand. Verzichtet man auf zuschaltbare Raumkammern, wie sie etwa in Jean Nouvels KKL in Luzern umgesetzt wurden, bleibt der Nachhall konstant – im MUMUTH bei 1,4 bis 1,5 Sekunden. In Graz hat man sich daher für ein ergänzendes elektroakustisches System entschieden: Der über 24 Mikrofone aufgenommene Klang kann mittels 64 Lautsprechern als Nachhall elektronisch verzögert abgegeben werden. So degoutant derlei technische Manipulationen auch für Klangpuristen sein mögen: Gerade einer Forschungseinrichtung, der es um Phänomene und Potenziale des Klangs geht, ist die Legitimität nicht abzusprechen. Und ich spreche dem MUMUTH eine Anerkennung zu.

connects the three halls of the MUMUTH: the slightly recessed orchestra rehearsal room on the ground floor, the top-storey rehearsal room oriented towards the southern building front, and, lastly, the large multi-functional hall at the first upper storey level with 500 square metres of floor space. The musical world has long wished for a hall that allows completely different possibilities to stage performances and removes the separation between audience and stage. The concept of such a "salle modulable" (modular auditorium) originates from Pierre Boulez, but the first attempt to realise a concert and theatre space of this kind in association with the new construction of the Opéra de la Bastille in Paris was a failure. Not much better in the meantime is the project of a "salle modulable" in Lucerne, which I was involved in with respect to the preparation of the architecture competition in 2009/2010. MUMUTH was unanimously the most important reference for the Lucerne project, because it came closest to Boulez' vision. 108 fully adjustable floor modules that can be hydraulically raised up to three metres make it possible to configure the hall variably. As the sound source cannot be distinctly located because of the heterogeneous utilisation scenarios, special demands are placed on the room acoustics. The staggered ornamental pattern of the wall cladding, in which elements of clefs can be found, as well as the wave structure and slant of the outer wall, serve to optimise the sound. If one forgoes the connectable room chambers, like those implemented in Jean Nouvel's KKL in Lucerne, the reverberation remains constant – 1.4 to 1.5 seconds in MUMUTH. In Graz, therefore, they decided on an additional electro-acoustic system. The sound picked up by 24 microphones can be emitted as an electronically delayed reverberation by means of 64 loud-speakers. As repulsive as such technical manipulations may also be for sound purists, their legitimacy cannot be denied, especially in the context of a research facility dealing with the phenomena and potentials of sound. So I award a special recognition to the MUMUTH.

Gosdorf
Arquitectos
Raumschnitt

Den Mittwoch verbringe ich in Graz. Ich beginne am Hauptplatz, streife durch die Altstadt, durchquere den Stadtpark und widme mich dann der Grazer Architektur des frühen 20. Jahrhunderts: Alfred Keller, Alexander Zerkowitz, Herbert Eichholzer. Dann ein Zeitsprung: Hinaus zur Terrassenhaussiedlung St. Peter von der Werkgruppe Graz und zur Siedlung Wienerberger-Gründe von Ralph Erskine und Hubert Rieß. Der Paradigmenwechsel zwischen dem Siedlungsbau der siebziger und jenem der achtziger Jahre lässt sich kaum irgendwo sonst in so direkter Nachbarschaft und anhand so hervorragender Beispiele studieren. Warum bloß ist auf diese Visionen in den Dekaden darauf nur geistloser Pragmatismus gefolgt? Was Planlosigkeit anrichten kann, zeigt sich mir ungeschminkt, als ich auf der Plüddemanngasse zurück Richtung Zentrum gehe. Ein Stück Stadt, das irgendwie entstanden ist, dem freien Spiel der Kräfte überlassen: ein urbanistischer Offenbarungseid. Alles ist so unglaublich hässlich und unsäglich banal, dass ich mich davor hüten muss, die Situation schon wieder reizvoll zu finden. Dabei ist die Plüddemanngasse überall: überall in Graz, überall in der Steiermark, überall in Österreich, überall in Europa. Die ganze Welt ist eine Plüddemanngasse. Und der Architekturkritiker widmet sich den vereinzelten Preziosen, die von neuen Plüddemanngassen eingefasst sind. Sollte es sie noch nicht geben, so entstehen sie in Zukunft. ¶ Dieses Dilemma prägt auch die Einreichungen des diesjährigen Landesarchitekturpreises Steiermark. Bemerkenswerte Projekte zum Teil, zweifelsohne, aber fast immer handelt es sich um Einzelobjekte. Und ungewollt aufschlussreich erscheint mir das Faktum, dass so gut wie keinem der Projekte aussagekräftige Lagepläne beigegeben wurden. Nur ein Projekt ist mir aufgefallen, das etwas anderes will. Als ich, mittlerweile wieder im Universitätsviertel, in einem Café sitze, nehme ich mir die Mappe des Wiener Architekturbüros Arquitectos noch einmal vor. Es handelt sich um ein temporäres Projekt aus dem Jahr 2008, das in Gosdorf in der Südoststeiermark realisiert wurde. Es ist längst wieder verschwunden. Und damit müsste ich es konsequenterweise ausschließen: Was ich nicht gesehen habe, darüber will ich nicht schreiben. Kollegen, die sich zu

Gosdorf
Arquitectos
Space Cut

I spend Wednesday in Graz. Starting at the Main Square, I stroll through the Old City, cross the Stadtpark and then dedicate myself to the early 20th Century architecture of Graz: Alfred Keller, Alexander Zerkowitz, Herbert Eichholzer. Then a leap in time: out to the Terrace Estate St. Peter by the Werkgruppe Graz and then the Wienerberger-Gründe Estate of Ralph Erskine and Hubert Rieß. Hardly anywhere else can the paradigm shift between the housing estate development of the Seventies and that of the Eighties be studied in such close proximity and on the basis of such outstanding examples as well as here. Why has spiritless pragmatism followed these visions in the subsequent decades? What aimlessness can wreak is unflatteringly revealed to me as I proceed on the Plüddemanngasse towards the city centre. A piece of the city that somehow evolved was left up to the free play of forces: an urbanistic admission of complete failure. Everything is so incredibly ugly and unspeakably mundane that I have to be wary of finding the situation once again somehow appealing. At the same time, the Plüddemanngasse is everywhere: everywhere in Graz, everywhere in Styria, everywhere in Austria, everywhere in Europe. The whole world is a Plüddemanngasse. And the architecture critics devote themselves to the infrequent precious gems that are hemmed in by new Plüddemanngassen. If they do not exist yet, they will in the future. ¶ This dilemma also characterised the submissions for this year's Styrian State Prize for Architecture. Remarkable projects to some extent, no doubt, but almost always about single objects. And the fact that practically none of the projects were attached with convincing site plans appears to me as unwillingly revealing. Only one project that wants something else struck me. As I sit in a café, meanwhile back in the University quarter, I take out the folder of the Vienna-based architect's office Arquitectos. It is about a temporary project from 2008 that was realised in Gosdorf in Southeast Styria. It is long gone, so I have to consequently exclude it. I do not want to write about something I have not seen. Colleagues who allow themselves to get carried away with rave reviews of buildings they have not seen with their own eyes are

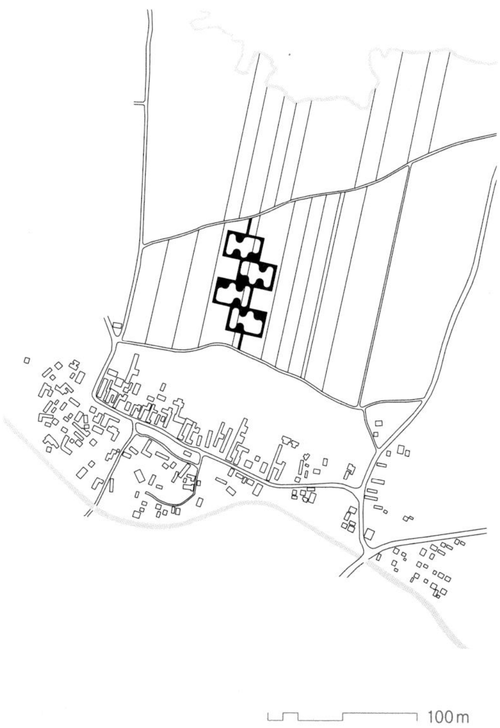

Hymnen auf Bauten hinreißen lassen, welche sie nicht mit eigenen Augen gesehen haben, sind nicht Hohepriester, sondern Totengräber der Profession. ¶ Vielleicht ist es der Zweigelt, der mich in diesem Fall enthemmt. Nein, es ist die Tatsache, dass sich Arquitectos seit längerer Zeit intensiv und grundsätzlich mit dem sonst geflissentlich ignorierten Thema des heutigen Verhältnisses von Stadt und Landschaft auseinandersetzen. *Rurbanismus oder Leben im postruralen Raum* heißt das 2010 erschienene Buch, in dem sie ihre diesbezüglichen Projekte zusammengefasst haben. Die Erkenntnis, dass das Land keine Naturlandschaft mehr darstellt, sondern als Kulturlandschaft zunehmend in den Sog städtischer Funktionszusammenhänge gerät, ist nicht neu; man mag sich an die Debatten um Zwischenstadt und Suburbia erinnern, aber auch an Theoriebildungen aus dem niederländischen Kontext oder die Studie *Die Schweiz – ein städtebauliches Porträt* (2006) des ETH Studio Basel, derzufolge eine Diskrepanz zwischen dem tatsächlichen Grad der Urbanisierung und dem antiurbanen Selbstverständnis weiter Teile der Bevölkerung und vor allem der politischen Gemeinden besteht. ¶ Unter dem Neologismus „Rurbanismus“, der die Adjektive rural und urban verschweißt, analysieren Heidi Pretterhofer, Dieter Spath und Kai Vöckler von Arquitectos unter anderem die agrarisch bewirtschafteten Flächen der Südoststeiermark. Hier leben 114.000 Einwohner – und 486.000 Schweine. Im Bezirk Radkersburg beträgt das Verhältnis gar 1:5. Sichtbar für diejenigen, die durch den Landstrich fahren, sind die in Ställen gehaltenen Schweine nicht. Sichtbar sind nur die endlosen Maisfelder, welche der Futterproduktion dienen: Monokulturen prägen das Bild der Landschaft. Das im Rahmen der Regionale in Gosdorf umgesetzte Projekt *Raumschnitt* stellte ein der Landschaft eingeschriebenes Gedankenexperiment dar, gleichsam die Antizipation zukünftig denkbarer Entwicklungen. Die Mais- und Schweineproduktion stellt keine nachhaltige Wirtschaftsform dar. Wie könnten in diesem Kontext zukünftige Siedlungsformen aussehen? In ein Maisfeld von gut sechs Hektar Fläche ließen Arquitectos mit Mähdreschern vier gegeneinander versetzte Felder von 70 x 100 Metern einschneiden. Zunächst entstanden die Außenlinien, dann wurde der in der Mitte stehen gebliebene Mais durch Einkerbungen

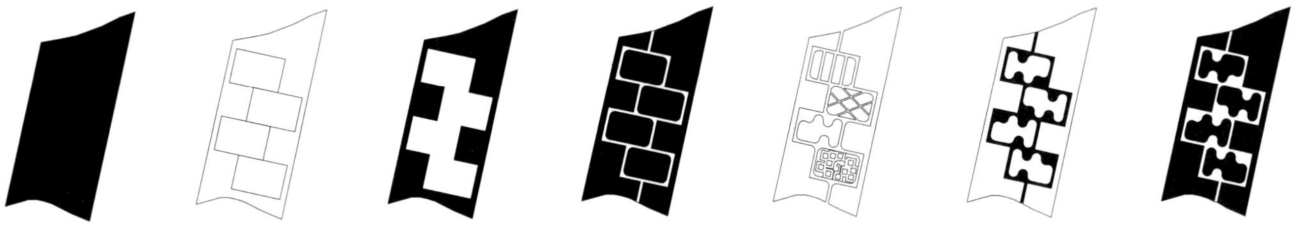

not high priests – they are gravediggers of the profession. ¶ Perhaps it is the Zweigelt that frees me from my inhibitions in this case. No, it is the fact that Arquitectos have long dealt intensively and fundamentally with the otherwise deliberately ignored issue of today's relationship of city and countryside. *Rurbanismus oder Leben im postruralen Raum* (Rurbanism or Life in Post-Rural Space) is the title of the book published in 2010 in which they have summarised their projects referring to this. The realisation that the countryside no longer represents a natural landscape, but, as a cultural landscape, is increasingly getting caught up in the maelstrom of urban functional inter-relationships is nothing new. One only has to recall the debates about trans-urban spaces and suburbia, but also the theory formations from the Dutch context or the study *Die Schweiz – ein städtebauliches Porträt* (Switzerland: An Urban Portrait) (2002) by the ETH Studio Basel, according to which a discrepancy exists between the actual degree of urbanisation and the anti-urban self-understanding of wide segments of the population and especially the political communities. ¶ Under the neologism "Rurbanism", which welds the adjectives "rural" and "urban" together, Heidi Pretterhofer, Dieter Spath and Kai Vöckler from Arquitectos analyse, amongst other things, the agriculturally cultivated areas of Southeast Styria. 114,000 people – and 486,000 pigs – live here. In the district of Radkersburg, the ratio is 1:5. Not visible to those driving through this stretch of land are the pigs kept in pens. Only the endless cornfields used for feed production are visible: monocultures characterise the image of the countryside. The *Space Cut* project, carried out in the scope of the "Regionale" (Regional Festival) in Gosdorf, represents a thought experiment inscribed into the landscape that anticipates conceivable future developments. The corn and pig production do not represent a sustainable economic form. What could future forms of settlements look like in this context? In a 6-hectare cornfield, Arquitectos cut four 70 x 40-metre fields, slightly offset from each other, with a combine harvester. First the outer lines emerged, then the corn that remained standing in the middle of the field was deformed by indentations and an undulating edge cut into an amor-

und einen ondulierenden Kantenschnitt in amorphe Kerngebilde verformt. Eigentlich war geplant, das digital entworfene Layout vermittels GPS sozusagen computer-to-field zu realisieren; am Ende mussten doch Helfer mit Sichel und Sense zum Einsatz gelangen. Nach den Vorstellungen der Entwerfer bilden die vier Kerne innerhalb der ausgeschnittenen Maisfelder zukünftige Siedlungszellen einer Feldstadt für 800 Bewohner. Mit einem derartigen Konzept wäre eine Verdichtung möglich, ohne die Eigenarten der spezifischen Agrarlandschaften zugunsten städtischer Siedlungsformen zum Verschwinden zu bringen. Verdichtung vom Land her zu denken, nicht von der Stadt, wie es sonst üblich ist, dieser Perspektivwechsel ist Arquitectos wichtig. Mit Mountainbikes konnten die Besucherinnen und Besucher der Regionale den *Raumschnitt* erkunden, hölzerne Treppenpodeste ermöglichten den Überblick von oben. Man kann das Projekt wahlweise als pragmatisch, ironisch oder visionär verstehen; zum Denken regt es allemal an. Nur die Phantasielosen, um Arno Schmidt zu paraphrasieren, flüchten sich in die Realität. Und jetzt noch einen Zweigelt.

phous core structure. They had actually planned to realise the digitally designed layout by means of GPS, computer-to-field, so to speak. In the end, however, helpers with sickles and scythes had to be put into action. According to the ideas of the designers, the four cores within the cut-out corn fields constitute future settlement structures of a field town for 800 residents. With such a concept, a densification would be possible without making the peculiarities of the specific agricultural landscapes disappear to the benefit of urban settlement structures. To think about the densification of the countryside, not of the city, as is usually the case – this change of perspective is important to Arquitectos. Visitors to the Regionale could explore *Space Cut* on mountain bikes; wooden platform steps enabled the view from above. The project can be electively understood as pragmatic, ironic or visionary; it certainly encourages people to think. To paraphrase Arno Schmidt, only those without fantasy flee into reality. And now it is time for another Zweigelt.

Treppen

Der Turm mit der Doppelwendeltreppe, heute eher unscheinbar im Hof situiert, ist das letzte gotische Relikt der ab 1438 errichteten Grazer Burg. Erbaut 1499/1500 nach unbekannten Plänen, gilt die Treppe als Meisterwerk der Steinmetzkunst ihrer Zeit. Auch wenn sich Vorbilder schon in den Werken der Parler'schen Bauhütte finden, hat die Idee einer Zwillingstreppe hier ihren überzeugendsten Ausdruck gefunden. Die kontinuierlich ansteigenden Treppenläufe schrauben sich über dem Grundriss zweier sich partiell überschneidender Kreise gegenläufig in die Höhe und finden jeweils an den Podesten zusammen, um sich dann wieder zu trennen. Zunächst drehen sich die Stufen um Spindelkerne; weiter oben entfallen diese, so dass sich die Stufen um einen Hohlraum winden. ¶ Grundsätzlich erlaubt die Grazer Doppelwendeltreppe mehrere Möglichkeiten des Hinauf- oder Hinabsteigens: rechts herum, links herum – oder von Geschoss zu Geschoss die Seite und damit auch die Drehrichtung wechselnd. Parallele Phänomene finden sich auch in den gegenläufig sich drehenden Pfeilern in der ehemaligen Stiftskirche von Leoben-Göss. Ob es berechtigt ist, in diesem Zusammenhang auf den Gedanken der „coincidentia oppositorum" von Nikolaus von Kues zu verweisen,[1] mag dahingestellt bleiben; vielleicht handelt es sich eher um parallele Phänomene, die aus einer an der Schwelle zwischen Spätmittelalter und früher Neuzeit sich wandelnden Geisteshaltung resultieren. ¶ Das räumliche Erlebnis und die konstruktive Logik der Grazer Treppe haben immer wieder fasziniert – Erich Fried, der ihr ein Gedicht gewidmet hat, ebenso wie Konrad Wachsmann, der mit seinen Sommerseminaren in Salzburg ab 1956 einen starken Einfluss auf die zeitgenössischen österreichischen Architekten ausübte. Wachsmann bildete die Zwillingstreppe als eines von nur zwei Beispielen älterer Architektur (beim anderen handelt es sich um ein ebenfalls gotisches Gewölbe im Prager Hradschin) in *Wendepunkt im Bauen* ab.[2] Von Wachsmann führt eine Linie zur Werkgruppe Graz: Eugen Gross hatte 1957 im Rahmen der Internationalen Sommerakademie am Seminar von Wachsmann teilgenommen,[3] und nicht zuletzt das Postulat der Gruppenarbeit sollte modellhaft für die Gründung der Werkgruppe Graz im Jahr 1960 werden. Und es ist kein Wunder, dass letztlich auch die expressiv vor das Volumen tretende Fluchttreppe des Studentenwohnheims am Hafnerriegel in Graz, das zur Gründung des Architektenkollektivs führte, als Hommage an die spätmittelalterliche Stiege verstanden werden kann. Mit Verweis auf Emmanuel Levinas' Gedanken eines „Denken am Anderen" sieht die Werkgruppe das Spezifikum der Doppelwendeltreppe in der Begegnung des Ich mit dem Du, anders ausgedrückt: dem kritischen Selbst: „Von diesem Standort des wiedergefundenen Ich gibt sich der Raum als Ganzes zu erkennen, erschließt die Tiefe und Weite."[4] ¶ In seinem Gedicht *Die Treppen von Graz*[5] bezieht sich

Graz, Doppelwendeltreppe in der Burg Double spiral staircase

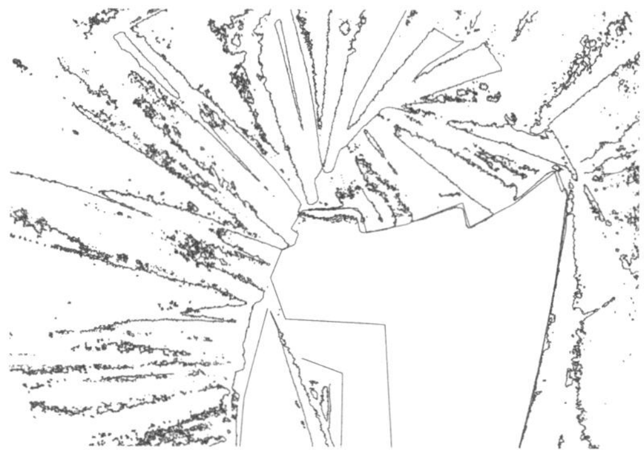

Gosdorf terrain: loenhart & mayr Murturm

Der Zufall will es, dass mich meine Reise durch die Steiermark am letzten Tag doch noch nach Gosdorf im Bezirk Radkersburg führt. Tourismus lautet die Zauberformel, wenn es darum geht, die wirtschaftliche Grundlage zu diversifizieren. Und insofern setzt auch Gosdorf nicht mehr nur auf Mais und Schweine, sondern auf Touristen. Das Kapital, das die Gemeinde vorweisen kann, ist die Aulandschaft der Mur, die hier die Grenze zu Slowenien bildet. Wo vierzig Jahre lang der Eiserne Vorhang West und Ost in Zeiten des Kalten Krieges trennte, ist inzwischen Frieden eingekehrt und die Murauen fügen sich ein in das Biotopverbundsystem „Grünes Band Europa". ¶ Die Aulandschaft ist für Fußgänger und Fahrradfahrer reizvoll, das ist gut für den Tourismus. Aulandschaften existieren aber auch anderenorts, bilden mithin kein Alleinstellungsmerkmal von Gosdorf. Das ist schlecht für den Tourismus. So bedurfte es einer zusätzlichen werbewirksamen Attraktion und die Gemeinde unter Leitung des agilen und initiativen SPÖ-Bürgermeisters Anton Vukan entschied sich für einen Aussichtsturm außerhalb des Ortes in den Murauen. Auch Aussichtstürme gibt es anderswo und so sollte es ein ganz spezieller Aussichtsturm werden: architektonisch und konstruktiv wegweisend. Den Sieg im Wettbewerb erlangte das Münchner Büro terrain: loenhart & mayr, das schon mit der neuen Sprungschanze in Garmisch-Partenkirchen bewiesen hat, wie sich ein ingenieurtechnischer Zweckbau in ein Gebilde von höchster ästhetischer Perfektion verwandeln lässt, und zwar aus der konstruktiven Logik heraus, ohne dekorative Applikationen. Anders als die Sprungschanze auf dem Bergisel bei Innsbruck von Zaha Hadid, die mit einem Café-Restaurant ausgestattet ist, zeigt sich das Projekt in den bayrischen Alpen als Sportmaschine, die zwar für Besucher zugänglich ist, diesen aber bewusst nichts anderes bietet als die Konstruktion selbst und die Aussicht. ¶ Aussichtstürme erlebten ihre Blüte im ausgehenden 19. Jahrhundert und waren

1 Vgl. *Reclams Kunstführer Österreich*, Bd. 2, 4. Aufl., Stuttgart 1974, S. 373. **2** Konrad Wachsmann, *Wendepunkt im Bauen*, Wiesbaden 1959, S. 195 **3** www.werkgruppe-graz.at/1400/03/032data/0323.html **4** www.werkgruppe-graz.at/1400/06/0623-doppelwendeltreppe.html **5** In: Erich Fried, *Einbruch der Wirklichkeit,* Klaus Wagenbach, Berlin 1991.

Staircases The tower with the double spiral staircase, situated rather inconspicuously in the courtyard today, is the last Gothic relict of the Graz Castle, which had been built since 1438. Erected in 1499/1500 according to unknown plans, the staircase is considered as a masterpiece of the stone masonry art of its time. Even though models can already be found in the works of Parler's building guild, the idea of a twin staircase found its most convincing expression here. The continuously ascending flights of stairs spiral upwards in opposite directions above the outline of two partially overlapping circles and come together at the stair-head, in order to then separate again. Initially the stairs revolve around newels; further above these taper away, so that the stairs wind around a cavity. Basically, the Graz double spiral staircase allows for several possibilities of ascending and descending: around to the right, around to the left – or, from floor to floor, to the side, thereby changing the rotational direction as well. Parallel phenomena can also be found in the pillars rotating in opposite directions in the former monastery church of Leoben-Göss. Whether it is justifiable in this context to refer to the notions of "coincidentia oppositorum" by Nikolaus von Kues[1] may remain to be seen; perhaps it rather has to do with parallel phenomena resulting out of a changing mindset at the threshold between the Late Middle Ages and Early Modern Era. ¶ The spatial experience and the constructive logic of the Graz staircase have fascinated people again and again – Erich Fried, who dedicated a poem to it, as well as Konrad Wachsmann, who had exerted a strong influence on contemporary Austrian architects from 1956 onwards with his summer seminars in Salzburg. Wachsmann portrayed the twin staircase as one of only two examples of older architecture (the other example is likewise a Gothic vaulted ceiling in the Hradčany Castle in Prague) in *Wendepunkt im Bauen*.[2] A line leads from Wachsmann to the Werkguppe Graz: Eugen Gross took part in one of Wachsmann's seminars in 1957 in the scope of the International Summer Academy,[3] and, not least, the postulate of group work was to become exemplary for the founding of the Werkgruppe Graz in the year 1960. And it is no wonder that the expressively protruding emergency stairs in the student dormitory on Hafnerriegel in Graz, which led to the founding of the Werkgruppe Graz, can be understood as a tribute to the Late Medieval staircase. With reference to Emmanuel Lavinas' thoughts of a "Thinking of the Other", the Werkgruppe sees the specific character of the double spiral staircase in the encounter of the "I" with the "you", in other words: the critical self: "From this vantage point of the recovered 'I', the space reveals itself as a whole, opens up the depth and expanse".[4] ¶ In his poem *Die Treppen von Graz* (*The Stairways of Graz*)[5], Erich Fried not only refers to the double

Gosdorf
terrain: loenhart&mayr
Mur Tower

As coincidence will have it, the last day of my trip through Styria does indeed take me to Gosdorf in the district of Radkersburg. The magic formula is tourism when it comes to diversifying the economic base. And insofar, Gosdorf does not only bank on corn and pigs anymore, but also on tourists. The capital that the community can show is the wetlands of the Mur, which forms the border to Slovenia here. Where the Iron Curtain separated the West from the East for forty years during the Cold War, freedom has meanwhile set it, and the Mur wetlands blend into the "European Green Belt" biotope compound system. ¶ The wetlands are attractive for walkers and cyclists, and that is good for tourism. Wetlands, however, also exist elsewhere and do not constitute a unique selling point for Gosdorf. Therefore, an additional, promotionally effective attraction was needed, and the community, led by the agile and proactive Social Democratic mayor Anton Vukan, decided for an observation tower located outside of town in the Mur wetlands. There are also observation towers elsewhere, so this was to be a very special observation tower, path-breaking in terms of architectonics and construction. The Munich-based architect's office terrain: loenhart&mayr won the competition. Their new ski jump in Garmisch-Partenkirchen had already demonstrated how a technically functional building can be transformed into an object of aesthetic perfection, coming out of the constructive logic, without decorative applications. Different to Zaha Hadid's ski jump on Bergisel near Innsbruck, which also features a café/restaurant, the project in the Bavarian Alps shows itself as a sport machine that is indeed open for visitors, but consciously offers them nothing more than the construction itself and the view. ¶ Observation towers experienced their boom at the end of the 19th century and were signs of the annexation of

1 Cf. *Reclams Kunstführer Österreich*, vol. 2, 4th ed., Stuttgart 1974, p. 373. **2** Konrad Wachsmann, *Wendepunkt im Bauen*, Wiesbaden 1959, p. 195. **3** www.werkgruppe-graz.at/1400/03/032-data/0323.html. **4** www.werk-gruppe-graz.at/1400/06/0623-doppelwendeltreppe.html. **5** Erich Fried, "Stairways of Graz / Die Treppen von Graz", from: *Einbruch der Wirklichkeit*, Klaus Wagenbach, Berlin 1991. Transl. by Tim Sharp ©2003 Wieser Verlag, Klagenfurt/Celovec.

Erich Fried nicht nur auf die Doppelwendeltreppe, sondern auch auf die im Zickzack den Berghang emporklimmende Schlossbergstiege, die zwischen 1916 und 1918, also in den Jahren des Ersten Weltkriegs, angelegt wurde. Doch noch eine weitere Treppenanlage in Graz muss erwähnt werden: der Kalvarienberg[6] auf dem Grünschieferfelsen des Austein, der im Norden der Stadt das rechte Murufer überragt. Mit der Aufstellung von drei Kreuzen im Jahr 1606 war der aus der Ebene aufragende Fels zum Kalvarienberg umgewidmet worden, doch die wesentliche Ausbauphase erfolgte erst um 1660. Als typische Produkte der Gegenreformation – nicht ohne Grund war die Grazer Anlage den Jesuiten unterstellt – fanden Kalvarienberge besonders im südlichen Alpenvorland, vor allem in Oberitalien, Verbreitung und fungierten gleichsam als ideologische Sperranlagen gegen die Gefahr des aus dem transalpinen Raum eindringenden Protestantismus. ¶ Mit allen Mitteln barocker Inszenierungskunst ins Werk gesetzt, bildete der Kalvarienberg den Abschluss eines Prozessionswegs, der am Dom begann und über die Mariahilferkirche auf dem rechten Murufer Richtung Norden führte. Für die Teilnehmer der Wallfahrt verwandelte sich Graz in ein imaginäres historisches Jerusalem: Figurenszenen in den einzelnen Kapellen ließen das biblische Geschehen der Passion auf naturalistische Weise anschaulich und lebendig werden. Auf der Ostseite der am Ende einer Allee als *point de vue* errichteten Kalvarienbergkirche begann der Aufstieg und führte entlang der Geißelungs-, Maria-Magdalena-, Dornenkrönungs- und Kreuzfallkapelle empor zur Kreuzigungsgruppe auf der Höhe. Der Abstieg führte über die Westseite des Hügels, wobei die Pilger die Beweinungskapelle, die Nischenkapelle mit den Drei Frauen am Grab, die Grabkapelle und schließlich die Auferstehungssäule passierten, um auf der Ostseite der Kirche wiederum in den von der Stadt her kommenden Prozessionsweg einzumünden. Auf- und Abstieg erfolgten also auf getrennten Wegen, was nicht nur mit der Platzierung der auf die Orte der Passion referierenden Kapellen zu tun hatte, sondern vor allem der Lenkung der Besucherströme geschuldet war.

Die Treppen von Graz

Seit vierhundertachtzig Jahren
Stein auf Steinen
die Steine tragen:
Die Doppelwendeltreppe
graue Gotik
und Anlaß zu Fragen.

In den Treppenturm
links vom Torbogen
sehe ich hinein
und Frage türmt sich auf Frage
wie Stein auf Stein:

Zeichen für die Aneignung der Landschaft durch eine städtische bürgerliche Gesellschaft. Erst Milieus, deren Lebensgrundlage sich von dem direkten Bezug zur Landschaft entfremdet hatte, konnten diese als ästhetisches Phänomen begreifen. Der Blick über das Territorium, einst dem Militär vorbehalten, avancierte zur zivilen Optik einer sich sukzessive entwickelnden Freizeitgesellschaft der Belle Epoque – nicht ohne Grund wurde die einem romantisierenden Blick auf die Vergangenheit folgende Formensprache durch fortifikatorische Elemente geprägt: Aussichtstürme nahmen die Gestalt von Bergfrieden und Wachtürmen an. Mit dem Wandel des Tourismusverhaltens in den zwanziger Jahren des vorigen Jahrhunderts, in dessen Folge der aktive den passiv-rezeptiven Urlauber ersetzte, waren Aussichtstürme, welche ihre Besucher letztlich einem kontemplativen Gegenüber zur Landschaft aussetzen, weniger zeitgemäß. Auffallend aber ist, dass der Bautypus Aussichtsturm durch neue Funktionszuweisungen gerade in den letzten Jahren wieder an Attraktivität gewonnen hat. Zum einen entstehen sie, in die Städte gewandert, als Besucherplattformen über innerstädtischen Transformationszonen und dienen damit – wie etwa der Holzturm auf der Baustelle zum neuen Wiener Hauptbahnhof – der Schaulust und dem Standortmarketing; zum anderen erlangen sie im Sinne eines ökologischen Interesses an der Natur neue Bedeutung. Dabei werden der Aufstieg und der Blick in die unterschiedlichen Lebensräume des Waldes zum Ziel, dem auch die verschiedentlich installierten „Baumkronenpfade" gehorchen. Ein Beispiel hierfür ist der „Bostoren" (Waldturm), den der niederländische Architekt Bjarne Mastenbroek mit seinem Amsterdamer Büro SeARCH in einem Waldpark nahe dem niederländischen Putten errichtet hat. ¶ Der 27 Meter hohe und damit die Baumkronen überragende, aus polygonalen Elementen sich bildende Murturm entspricht mit seiner offenen Struktur durchaus der Idee, beim Aufstieg die Lebensräume der Natur, also das Ökosystem des Auwaldes mit seinen „Waldetagen" ins Blickfeld zu rücken. Doch er tut dies im besten Sinne beiläufig, frei von jeglicher pädagogischer Ambition und nähert sich somit wieder den zweckfrei-kontemplativen Aussichtstürmen des

6 Vgl. Erich Reinhart (Hg.), *Der Grazer Kalvarienberg*, Graz 2003.

spiral staircase, but also to the Schlossberg steps laid out between 1916 and 1918, thus in the years of the First World War, zigzagging their way up the mountainside. However, a further set of stairs has to be mentioned: the Kalvarienberg (Calvary Mountain) on the greenschist rocks of the Austein, which dominates the right bank of the Mur in the north of the city. ¶ With the mounting of three crosses in the year 1606, the first rock formation protruding from the plain was rededicated as the Kalvarienberg; the major expansion phase, however, first took place around 1660. As typical products of the Counter-Reformation – the Graz grounds were put under control of the Jesuits for a reason – Calvary mountains were widely found particularly in the southern Alpine foothills, and above all in Northern Italy, functioning, as it were, as ideological barriers against the danger of Protestantism invading from the transalpine region. ¶ Utilising all means of Baroque staging art, the Kalvarienberg forms the completion of a processional route that began at the Cathedral and led over the Mariahilferkirche on the right bank of the Mur in a northerly direction. For those participating in the pilgrimage, Graz transformed itself into an imaginary, historic Jerusalem: figurative scenes in the respective chapels let the biblical narrative of the Passion come alive and vivid in a naturalistic manner. The ascent began at the Kalvarienbergkirche, which was erected as a *point de vue* on the east side at the end of a tree-lined avenue, and led upwards along the chapels dedicated to the Scourging, Mary Magdalene, the Crown of Thorns and Jesus Stumbling with the Cross to the Crucifixion group at the top. The descent led over the west side of the hill, whereby the pilgrims passed the chapel dedicated to the Lamentation of the Dead Christ, the Niche Chapel with the Three Women at the Tomb, the Burial Chapel and, finally, the Resurrection Column to merge once again on the east side of the church into the processional route coming from the city. The ascent and descent thus took place on separate routes, which not only had to do with the positioning of chapels referring to the places of the Passion, but with guiding the stream of visitors.

Graz, Kalvarienberg
Calvary Mountain

The Stairways of Graz

For four hundred and eighty years
stone upon stone
the stones they bear:
A double spiral flight of stairs
gray Gothic
and posing questions.

In the tower
of the left of the arched gate
I look in
and questions pile up
like one stone on another:

the countryside by the urban bourgeoisie society. Groups of people whose livelihoods had been estranged from the direct connection to the countryside were the first to comprehend this aesthetic phenomenon. The survey over the territory, once reserved for the military, evolved into a civil perspective of a successively developing leisure society of the Belle Epoque – not without reason was the design vocabulary, which followed a romanticised look to the past, characterised by fortification-like elements: observation towers took on the form of keeps and watchtowers. Through the change of touristic behaviour in the Twenties, where the passive-receptive holidaymaker was replaced by the active one, observation towers that offered their visitors a contemplative counterpart to the landscape became outdated. Noticeable, however, is that the observation tower, as a type of construction, has again become attractive in the past several years through the new functional assignment given to it. Having wandered into the city, they emerge, on one hand, as visitor platforms over inner-city transformation zones and – like the wooden tower at Vienna's new Central Railway Station under construction – serve curiosity and location marketing. On the other hand, they attain a new significance in the sense of an ecological interest in nature. Thus, the climb and the view to the various habitats of the forests is the goal, which the variously installed "tree top walkways" also conform to. One example for this is the "Bostoren" (Forest Tower) erected by the Dutch architect Bjarne Mastenbroek and his Amsterdam office SeARCH in a forest park near the Dutch town of Putten. ¶ Soaring over the treetops and made of polygonal elements, the 27-metre-high, open-structured Mur Tower completely corresponds to the notion of drawing attention to the natural habitats – meaning the ecosystem of the riverside forest with its "tiers of forest" – during the climb upwards. Yet it does this, in the best sense, by the way, free of any pedagogical ambition, thereby re-approaching the purely contemplative observation towers of the 19th century, terrain wrapped a suggestive staircase structure around a central hollow space: one climbs up on one side and down on the other side. Uninterrupted by spans, the 168 steps continually lead up

Wer hat diese Doppelwendeltreppe
erdacht?
Ist sie für ein Märchen
oder für einen Traum gemacht?
Daß man zugleich
beide Treppen ersteigt
und auf jedem Absatz
sich selbst begegnet und schweigt
und sich ineinander findet
und wieder entzweit
Diese Doppeltreppe verbindet
und verschraubt den Raum
mit der Zeit ...

Mit der vergangenen Zeit
die einen in Graz nie verläßt:
Der Türk auf dem Haus –
und auf dem Landplagenbild
Türk und Pest.
Und die Treppen im Landhaus
allseits umschlossen: Betroffen
steht man dann auf der Galerie,
nach dem Innenhof frei und ganz offen.

Und die anderen Treppen,
am Berghang, vom Schloßplatz zu sehen
da kann ich im Zickzack
hinauf bis zum Uhrturm gehen
und dann hinuntersehen
Auf Türme und Dächer und Gassen:
Wenn ich in Graz bin
kann ich das Treppensteigen nicht lassen
um mich wieder an Bildnissen
längst toter Männer und Frauen
und wieder an allem alten
Lebendigen sattzuschauen
Denn auch wenn eine Gasse heißt
nach der Neuen Welt
ist es doch der alten Welt Geist
der mich hier hält
und mich schön umstellt.[7]

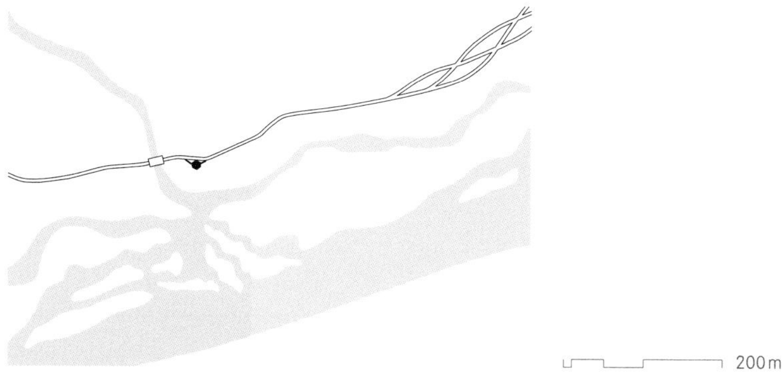

19. Jahrhunderts an. Dafür hat terrain eine suggestive Treppenstruktur um einen zentralen Hohlraum gewickelt: Auf der einen Seite steigt man hinauf, auf der anderen Seite herab. Ohne Unterbrechung durch Zwischenpodeste, führen 168 Treppenstufen kontinuierlich in die Höhe, die nicht als Plattform, sondern als Wegstück ausgebildet ist – der Weg ist bei dieser Maschine der Wahrnehmung das Ziel. ¶ Konstruktiv beruht der mit Hilfe eines digitalen 3D-Modells berechnete und optimierte Turm auf einer Primärstruktur aus Trag- und Stützrohren, die im Inneren mit Stahlseilen verspannt ist, um die Schwingungen zu minimieren und die Gesamtkonstruktion zu stabilisieren. ¶ Das einzige Problem des ebenso ingeniösen wie ästhetischen Gebildes, dem ich eine Anerkennung nicht verweigern möchte, scheint mir zu sein, dass die ursprünglich eingeplanten Baukosten sich nahezu vervierfacht haben. Das kann nicht allein mit dem gestiegenen Stahlpreis zu erklären sein. Es obliegt nicht dem Architekturkritiker, den Schuldigen ausfindig zu machen; das mögen die Gerichte tun, der Prozess gegen die mit der Ausführung betraute Baufirma hat begonnen. Gute Architektur hat berechtigterweise ihren Preis, wenn sich aber die Meinung durchsetzt, sie führe zu unabsehbaren Kostenüberschreitungen, so ist damit der Baukultur kein guter Dienst erwiesen. ¶ terrain haben als Referenzen für ihren Murturm auf die Doppelhelix der DNA verwiesen, ein Bauprinzip der Natur. Und auf die Doppelwendeltreppe der Grazer Burg. Für mich läge der Vergleich mit dem Kalvarienberg, dem Verlauf seiner Treppen und der linearen Wegführung näher. Sanfter Nebel durchzieht die Auen, als ich mich dem Murturm nähere. Wirkt er mit seiner Struktur aus Stahl und seinen Brüstungen aus Aluminium unter den Strahlen der Sonne glänzend und irisierend, so trennt sich an diesem trüben Wintertag die filigrane Struktur vor meinen Augen erst allmählich vom Astwerk der Bäume. Dass wir uns mitten in der Natur befinden und doch nicht Teil von ihr sind, geht mir durch den Kopf, als ich die erste Stufe auf dem Weg nach oben betrete. Ich bin gerne unterwegs.

7 In: Erich Fried, *Einbruch der Wirklichkeit*, ©1991 Klaus Wagenbach, Berlin.

Who invented this double spiral
stairway?
Was is made for a fairy tale
or for a dream?
Since you climb
both stairs at the same time
and at every step
you meet yourself and stay silent
find yourself in the other
and fall out
This double spiral binds
and twists space
with time ...

With time gone by
which never leaves you in Graz:
The Turk on the house –
and on the plague picture
Turk and plague.
And the stairs in the town hall
surrounded on all sides: Upset
you stand on the gallery,
free to the courtyard and quite open.

And the other stairs,
on the cliff face, seen from Castle Square
there I can climb zigzag
up to the clock tower
and look down
on the towers and roofs and lanes:
When I'm in Graz
I can't stop climbing stairs
to look again
at portraits
of long-dead women and men
till surfeited with the living age.
Because even when a lane is named
after the New World
it is still the old world spirit
that holds me fast gently enveloping.[7]

to the height that is not formed as a platform, but rather as a section of the trail – this machine of perception's way is the goal. ¶ The tower, which was calculated and optimised with the help of a 3D-model, rests upon a primary structure made of mounting and supporting tubes that are tightly wound on the inside with steel cables to minimise vibrations and to stabilise the overall construction. ¶ The only problem with the ingenious as well as aesthetic structure, for which a special recognition cannot be denied, appears to me to be that the originally estimated construction costs have nearly quadrupled. That cannot be explained alone by the rising steel price. It is not the responsibility of the architecture critic to track down those who are guilty; it is the task of the courts. Litigation against the construction company entrusted with the completion of the tower has begun. Good architecture justifiably has its price, but if the opinion that it leads to unforeseeable cost overruns asserts itself, then a great disservice to building culture has been done. ¶ As references for their Mur Tower, terrain point to the double helixes of DNA, a building principle of nature – and to the double spiral staircase of the Graz Castle. For me, the closer comparison would be with the Kalvarienberg, the course of its steps and the linear routing. Gentle fog rolls over the wetlands as I approach the Mur Tower. Under the rays of the sun, its steel structure and its aluminium railings have a radiant and iridescent effect. On this gloomy winter day, the filigree structure gradually breaks away from the branches of the trees before my very eyes. The thought that we are in the midst of nature, but are not a part of it, goes through my head as I set foot upon the first step on my way to the top. I like to be on the move.

7 Erich Fried, "Stairways of Graz / Die Treppen von Graz", from: *Einbruch der Wirklichkeit*, Klaus Wagenbach, Berlin 1991. Transl. by Tim Sharp ©2003 Wieser Verlag, Klagenfurt/Celovec.

Preisträger Prize Winner

efh_surplus value01 Single-Family House 8130 Frohnleiten, Laufnitzdorf 14 ¶ Fertigstellung 2009 ¶ Planung **architekten di reinhold weichlbauer / di albert josef ortis, Frohnleiten** ¶ Statik DI Peter Connert, Graz ¶ Bauherr Isabella und Martin Reisinger

Anerkennungen Special Recognitions

GS Hörsaalgebäude Montanuniversität Leoben General Renovation of University Lecture Hall Building 8700 Leoben, Ignaz-Buchmüller- Platz 2–4 ¶ Fertigstellung 2009 ¶ Planung **Gangoly & Kristiner Architekten ZT GmbH, Graz** ¶ www.gangoly.at ¶ Projektleitung Arch. DI Irene Kristiner ¶ Statik Wendl ZT GmbH, Graz ¶ Bauherr BIG Bundesimmobiliengesellschaft m.b.H., Wien ¶ **Murturm Observation Tower** 8482 Gosdorf, Murauen Europaschutzgebiet ¶ Fertigstellung 2009 ¶ Planung **terrain: loenhart & mayr BDA architekten und landschaftsarchitekten, München** ¶ www.terrain.de ¶ Projektleitung Klaus K. Loenhart ¶ Statik osd – office for structural design, Frankfurt / M ¶ Bauherr Gemeinde Gosdorf Orts- u. Infrastrukturentwicklungs-KG ¶ **MUMUTH (Haus für Musik und Musiktheater der Kunstuniversität Graz) Multi-Purpose Music Performance Theatre** 8010 Graz, Lichtenfelsgasse 14 ¶ Fertigstellung 2008 ¶ Planung **UNStudio, Amsterdam** ¶ www.unstudio.com ¶ Projektleitung Hannes Pfau ¶ Statik Arup, London Bauherr BIG Bundesimmobiliengesellschaft m.b.H., Wien

Nominierungen Nominations

ELIN Motoren GmbH Electric Motor Factory 8160 Preding / Weiz, Elin-Motoren-Straße 1 ¶ Fertigstellung 2008 ¶ Planung **Architektur Consult ZT GmbH, Arch. DI Peter Zinganel, Graz** ¶ www.archconsult.com ¶ Projektleitung Burkhard Schelischansky ¶ Statik Vatter & Partner ZT GmbH, Gleisdorf ¶ Bauherr ELIN Immobilien GmbH, Wien ¶ **Raumschnitt. Eine rurbane Intervention in der Südsteiermark Space Cut. Temporary Landscape Installation** 8482 Gosdorf Nr. 37 ¶ Fertigstellung 2008 ¶ Planung **Arquitectos ZT, Wien** ¶ www.arquitectos.at ¶ Projektleitung Heidi Pretterhofer, Dieter Spath, Kai Vöckler ¶ **Volksschule Mönichwald Elementary School** 8252 Mönichwald, Karnerviertel 3 ¶ Fertigstellung 2009 ¶ Planung **dreiplus Architekten, Graz** ¶ www.dreiplus.at ¶ Projektleitung Arch. DI Thomas Heil, Graz ¶ Statik DI Gerhard Baumkirchner, Graz ¶ Bauherr Gemeinde Mönichwald Orts- und Infrastrukturentwicklungs-KG ¶ **eco2building Demonstrationsgebäude Eine Welt Handel AG; Verwaltungsgebäude und Logistikzentrum Administration Office and Logistics Centre** 8712 Niklasdorf, Depotstraße 2 ¶ Fertigstellung 2009 ¶ Planung **POPPE*PREHAL ARCHITEKTEN ZT GMBH, Steyr** ¶ www.poppeprehal.at ¶ Projektleitung Mathias Brustbauer ¶ Statik Obermayr Holzkonstruktionen Ges.m.b.H., Schwanenstadt ¶ Bauherr Eine Welt Handel AG ¶ **GOGO Residential Housing Project** 8020 Graz, St. Georgengasse / Orpheumgasse ¶ Fertigstellung 2009 ¶ Planung **PURPUR.ARCHITEKTUR ZT GmbH, Graz** ¶ www.purpur.cc ¶ Statik ABES Wagner & Partner ZT GmbH, Graz ¶ Bauherr stabulum Projektentwicklungs- & Errichtungsges.m.b.H., Graz ¶ **Neubau Kinderkrippe Day Nursery Schönbrunngasse** 8043 Graz, Schönbrunngasse 30a ¶ Fertigstellung 2010 ¶ Planung **Architektur STROBL, Graz** ¶ www.strobl-architektur.at ¶ Projektleitung Arch. Martin Strobl ¶ Bauherr GBG Grazer Bau- und Grünlandsicherungsges.m.b.H, Graz ¶ Statik DI Johann Birner, Graz

Einreichungen Submissions **Hypermarkt** Hypermarket **Interspar Weiz** 8160 Weiz, Kaplanweg 14 ¶ Fertigstellung 2010 ¶ Planung **Architektur Consult ZT GmbH, Arch. DI Hermann Einsenköck, Graz** ¶ www.archconsult.com ¶ **Murbrücke** Mur Bridge **Bad Radkersburg und** and **Gornja Radgona (SLO)** 8490 Bad Radkersburg, Südsteirische Grenz-Bundesstraße (B69) ¶ Fertigstellung 2010 ¶ Planung).(**bauchplan landschaftsarchitektur und -urbanismus, Wien** ¶ www.bauchplan.at ¶ **Bürogebäude** Office Building **Nikolaiplatz** 8020 Graz, Nikolaiplatz 5 ¶ Fertigstellung 2010 ¶ Planung **BRAMBERGER [architects] & Atelier Thomas Pucher ZT GmbH, Graz** ¶ www.bramberger-architects.at ¶ www.thomaspucher.com ¶ **Platzgestaltung** Plaza Design **Marktgemeinde Wies** 8551 Wies, Oberer Markt 14 ¶ Fertigstellung 2009 ¶ Planung **BRAMBERGER [architects], Graz** ¶ www.bramberger-architects.at ¶ **Stift Rein – Revitalisierung der Historischen Säle** Renovation of Historic Rooms 8103 Rein 1 ¶ Fertigstellung 2010 ¶ Planung **BRAMBERGER [architects], Graz** ¶ www.bramberger-architects.at ¶ **Archäologiemuseum** Archaeology Museum **Universalmuseum Joanneum** 8020 Graz, Eggenberger Allee 90 ¶ Fertigstellung 2009 ¶ Planung **BWM Architekten und Partner, Wien** ¶ www.bwm.at ¶ **Bildungshaus Schloss Retzhof, Gästehaus** Guesthouse 8430 Leitring, Dorfstraße 17 ¶ Fertigstellung 2009 ¶ Planung **Architekt DI Ferdinand Certov, Graz** ¶ www.certov.com **Ausbau eines historischen „Kellerstöckels"** Extension of Historic Cellar 8225 Pöllau, Hinteregg 90 ¶ Fertigstellung 2009 ¶ Planung **dreiplus Architekten, Graz** ¶ www.dreiplus.at ¶ **Tageswerkstätte** Day Workshop **Lebenshilfe** 8160 Weiz, Goethegasse 31 ¶ Fertigstellung 2009 ¶ Planung **EDERER + HAGHIRIAN Architekten, Graz** ¶ www.keh.at **LKH-Univ. Klinikum Graz, Universitätsklinik für Kinder- und Jugendheilkunde, Universitätsklinik für Kinder und Jugendchirurgie, Pflegestation West** Children's Hospital Nursing Ward 8036 Graz, Auenbruggerplatz 30 ¶ Fertigstellung 2009 ¶ Planung **EDERER + HAGHIRIAN Architekten, Graz** ¶ www.keh.at ¶ **Reorganisation Büro LGF – K6** Office Renovation 8010 Graz, Karmeliterplatz 6 ¶ Fertigstellung 2010 ¶ Planung epps architekten ZT GmbH, Graz ¶ www.epps.at ¶ **Lendloft Umbau und Sanierung** Loft Conversion and Renovation 8020 Graz, Lendplatz 45 ¶ Fertigstellung 2009 ¶ Planung **frank. Büro für Innenarchitekten, Graz** ¶ www.frank-rieper.at ¶ **MP09 Headquarter der Michael Pachleitner Group** Company Headquarters 8041 Graz, Liebenauer Tangente 4–6 ¶ Fertigstellung 2010 ¶ Planung **GSarchitects ZT Gesellschaft m.b.H., Graz** ¶ www.gsarchitects.at ¶ **Arkadenkolumbarium am Grazer Zentralfriedhof** Cemetery Urn Facility 8020 Graz, Triesterstraße 172 / Josef Hyrtl Gasse ¶ Fertigstellung 2009 ¶ Planung **HOFRICHTER-RITTER Architekten ZT GmbH**, Graz ¶ www.hofrichter-ritter.at ¶ **„Friendly Waters", Therapiebad im Zuge des Umbaus von Haus N** Therapeutic Baths 8010 Graz, Amundsengasse 2 ¶ Fertigstellung 2010 ¶ Planung **Arch. DI Dr. Michael Homann, Graz** ¶ www.homann-architects.com ¶ **Am Kai** Housing Project 8010 Graz, Wartingergasse 46/46a, Körösistraße 9 ¶ Fertigstellung 2010 ¶ Planung **INNOCAD Planung und Projektmanagement GmbH, Graz** ¶ www.innocad.at ¶ **LKH Feldbach Aufstockung Neurologie** Hospital Neurology Building Expansion 8330 Feldbach, Ottokar Kernstock-Straße 18 ¶ Fertigstellung 2010 ¶ Planung **INNOCAD Planung und Projektmanagement GmbH, Graz** ¶ www.innocad.at ¶ **Neubau eines Amtshauses** Town Hall 8770 St. Michael in der Obersteiermark, Hauptstraße 64 ¶ Fertigstellung 2009 ¶ Planung

Architekt DI Peter Kapfenberger, Zeltweg ¶ **Panoramabad Public Pool Gröbming** 8962 Gröbming, Badgasse 413 ¶ Fertigstellung 2010 ¶ Planung **KREINERarchitektur ZT GmbH, Gröbming** ¶ www.kreiner-architektur.at ¶ **Gemeindezentrum Town Hall Weißenbach bei Liezen** 8940 Weißenbach bei Liezen, Am Dorfplatz 400 ¶ Fertigstellung 2009 ¶ Planung **KREINERarchitektur ZT GmbH, Gröbming** ¶ www.kreiner-architektur.at ¶ **Kindergarten Nursery School** 8911 Admont, Schulstraße 384 ¶ Fertigstellung 2010 ¶ Planung **KREINERarchitektur ZT GmbH, Gröbming** ¶ www.kreiner-architektur.at ¶ **Jugendwohlfahrtseinrichtung 3 – „Kindervilla" Children's Home** 8010 Graz, Grabenstraße 90b ¶ Fertigstellung 2009 ¶ Planung lebidris architektur ZT, Graz ¶ www.lebidris.at ¶ **Energieeffiziente Revitalisierung des Gewerbeareals zu einem Wohnpark Energy-Efficient Conversion of Commercial Building to a Residential Park Zanklhof** 8051 Graz, Zanklstraße ¶ Fertigstellung 2009 ¶ Planung **Baumeister Leitner Planung & Bauaufsicht Gesellschaft m.b.H, Graz** ¶ www.baumeister-leitner.at ¶ **Bürogebäude Office Building Lazarini** 8010 Graz, Elisabethstraße 50b ¶ Fertigstellung 2009 ¶ Planung **Baumeister Leitner Planung & Bauaufsicht Gesellschaft m.b.H, Graz** ¶ www.baumeister-leitner.at ¶ **LKH-Univ. Klinikum Graz Tunneleinfahrt Hilmteichgasse und Portiersgebäude, Tunnel Entrance and Porter's Building** 8010 Graz, Auenbruggerplatz 51 ¶ Fertigstellung 2009 ¶ Planung **Lorenz Consult ZT GmbH, Graz** ¶ www.lorenz-consult.at ¶ **Musikhaus Music House** 8505 St. Nikolai im Sausal ¶ Fertigstellung 2010 ¶ Planung **Arch. DI Gerhard Mitterberger, Graz** ¶ **Kulturzentrum Cultural Centre Bei den Minoriten** 8020 Graz, Mariahilfer Platz 3 ¶ Fertigstellung 2009 ¶ Planung **mohr steger architektur, Wien** ¶ www.mohr-steger.at ¶ **Haus mit dem schiefen Dach Single-Family House** 8010 Graz, Grabenhofenweg 81 ¶ Fertigstellung 2009 ¶ Planung **mohr steger architektur, Wien** ¶ www.mohr-steger.at ¶ **Schauhaus, steirischer herbst 2009** 8020 Graz, Orpheumgasse 8 ¶ Fertigstellung 2009 ¶ Planung **MVD Austria, Wien** ¶ www.frank-rieper.at ¶ **Holztechnologisches Zentrum und Schülerheim – HBLA für Forstwirtschaft Wood Technology Centre and School Hostel** 8600 Bruck / M., Dr. Theodor-Körner-straße 37 ¶ Fertigstellung 2009 ¶ Planung **Architekturbüro DI Neugebauer, Bruck / Mur** ¶ www.arch-neugebauer.eu ¶ **Kinderbetreuungsstätte Children's Day Care Centre Josefinum** 8700 Leoben, Erzherzog Johann-Straße 1a ¶ Fertigstellung 2009 ¶ Planung **NUSSMÜLLER Architekten ZT GmbH, Graz** ¶ www.nussmueller.at ¶ **Bürogebäude Office Building Mayr Melnhof** 8700 Leoben, Turmstraße 57 ¶ Fertigstellung 2008 ¶ Planung **NUSSMÜLLER Architekten ZT GmbH, Graz** ¶ www.nussmueller.at ¶ **Seehaus Lake House Hautzendorf** 8141 Unterpremstätten, Mitterstraße 48 ¶ Fertigstellung 2008 ¶ Planung **Pilzarchitektur, Graz** ¶ www.pilzarchitektur.at ¶ **LKH Deutschlandsberg Aufstockung interdisziplinäre Intensivstation und Umbau Aufwachstation Hospital Intensive Care Ward Addition and Renovation** 8530 Deutschlandsberg, B76-Radlpassstraße 29 ¶ Fertigstellung 2010 ¶ Planung **Pittino & Ortner Architekturbüro ZT Ges.m.b.H., Unterpremstätten** ¶ www.pittino-ortner.at ¶ **Turn-Mehrzwecksaal Gymnasium / Multi-Purpose Hall Hengsberg** 8411 Hengsberg 7 ¶ Fertigstellung 2009 ¶ Planung **projekt.cc ZT Architektur, Graz** ¶ www.projekt.cc ¶ **Hügellandhalle Multi-Purpose Hall** 8321 St. Margarethen a.d. Raab 5 ¶ Fertigstellung 2010 ¶ Planung **pürstl langmaier architekten, Graz** ¶ **Appartement 8 Flat** 8010 Graz, Peinlichgasse 8 ¶ Fertigstellung 2009 ¶ Planung **S.DREI**

Architektur | DI Armin Stocker & DI Walter Sametinger GesbR, Graz ¶ www.sdrei.com ¶ **Büro.Loft F27 Loft.Office** 8010 Graz, Fischergasse 27 ¶ Fertigstellung 2009 ¶ Planung **schlosser + partner, Graz** ¶ www.schlosserundpartner.at ¶ **Einfamilienwohnhaus [Landhaus] Single-Family House** 8323 Langegg bei Graz, Zaunstein 10 ¶ Fertigstellung 2008 ¶ Planung **schlosser + partner, Graz** ¶ www.schlosserundpartner.at ¶ **Gärnerpark Public Park Leoben** 8700 Leoben, Franz-Josef-Straße ¶ Fertigstellung 2008 ¶ Planung **stingl-enge architekten ZT GmbH, Trofaiach** ¶ www.architekturbureau.at ¶ **Neubau Rüsthaus Löschverband Fire Station Leutschach** 8463 Leutschach, Hauptplatz 26 ¶ Fertigstellung 2009 ¶ Planung **Architektur STROBL, Graz** ¶ www.strobl-architektur.at ¶ **Kindergarten und Kinderkrippe Nursery School and Day Nursery Ghegagasse** 8020 Graz, Ghegagasse 14 ¶ Fertigstellung 2009 ¶ Planung **Architekt DI Tinchon ZT GmbH, Graz** ¶ www.tinchon.at ¶ **[BOX:09] Prefab Building Modules** 8045 Graz, Grabenstraße 233 ¶ Fertigstellung 2009 ¶ Planung **Viereck Architekten ZT GmbH, Graz** ¶ www.viereck.at ¶ **LSF Graz Hauptgebäude Foyer, Fassade, Vorplatz Psychiatric and Neurological Hospital, Hall, Façade, Court** 8053 Graz, Wagner-Jauregg-Platz 1 ¶ Fertigstellung 2008 ¶ Planung **Arch. DI Irmfried Windbichler, Graz** ¶ www.windbichler-arch.com ¶ **Volksschule Elementary School Waltendorf** 8010 Graz, Waltendorfer Hauptstraße 17 ¶ Fertigstellung 2009 ¶ Planung **wolfschwenger_architekt, Graz** ¶ **Rotes Kreuz Bezirksstelle Red Cross Centre Leoben** 8700 Leoben, Rot-Kreuz-Gasse 1 ¶ Fertigstellung 2009 ¶ Planung **yes-architecture, Graz** ¶ www.yes-architecture.com ¶ **Museumshof Museum Kammern** 8700 Kammern im Liesingtal, Hauptplatz 1 ¶ Fertigstellung 2009 ¶ Planung **yes-architecture, Graz** ¶ www.yes-architecture.com ¶ **L9, Herbert Eichholzer, Revitalisierung und Zubau Renovation and Addition** Graz ¶ Fertigstellung 2010 ¶ Planung **yes-architecture, Graz** ¶ www.yes-architecture.com ¶ **Haus D Private House** 8130 Frohnleiten ¶ Fertigstellung 2009 ¶ Planung **yes-architecture, Graz** ¶ www.yes-architecture.com ¶ **Hotel Leoben** 8700 Leoben, In der Au 1–3 ¶ Fertigstellung 2008 ¶ Planung **Zeytinoglu ZT GmbH, Wien** ¶ www.arkan.at ¶ **TU Chemieersatzgebäude Faculty of Chemistry Technical University** 8010 Graz, Stremayrgasse 9 ¶ Fertigstellung 2010 ¶ Planung **Zinterl Architekten ZT GmbH, Graz** ¶ www.zinterl.at

Hubertus Adam 1965 in Hannover geboren; Studium der Kunstgeschichte, Philosophie und Archäologie an der Universität Heidelberg. Seit 1992 freiberuflicher Kunst- und Architekturhistoriker sowie Architekturkritiker für diverse Fachzeitschriften und Tageszeitungen, vor allem für die *Neue Zürcher Zeitung*; 1996/97 Redakteur der *Bauwelt* in Berlin; 1998 Übersiedlung in die Schweiz und Redakteur für die in Zürich erscheinende *archithese*. Seit August 2010 zudem Künstlerischer Leiter des Schweizerischen Architekturmuseums S AM in Basel. Vorträge an verschiedenen Institutionen und Hochschulen, Tätigkeiten als Jurymitglied, Moderator, Publizist und Ausstellungskurator. Zahlreiche Buchpublikationen, Buchbeiträge, Katalogaufsätze und Zeitschriftentexte über die zeitgenössische Architektur, die Architektur- und Kulturgeschichte des 20. Jahrhunderts, zur Bildhauerkunst und zur Ikonografie des Sozialismus. Swiss Art Award für den Sektor Kunst- und Architekturvermittlung im Jahr 2004.

Born in 1965 in Hannover; study of art history, philosophy and archaeology at the University of Heidelberg. Since 1992 freelance art and architecture historian as well as architecture critic for various professional journals and daily newspapers, especially the *Neue Zürcher Zeitung*; 1996/97 editor of *Bauwelt* in Berlin; 1998 relocation to Switzerland and editor of *archithese*, which is published in Zurich. Since August 2010 artistic director of the Swiss architecture museum S AM in Basel. Lectures at different institutions and universities, activities as jury member, moderator, publicist and exhibition curator. Numerous book publications, book contributions, catalogue essays and newspaper texts about contemporary architecture, the architectural and cultural history of the 20th century, sculptural art and the iconography of Socialism. Swiss Art Award for art and architecture mediation in 2004.

Ausgehend von dem Assoziationsbild einer Doppelwendeltreppe verschränken sich zwei eigenständige Buchindividuen zu einem Ganzen. Beide Bücher – Textbuch und Fotobuch – sind als Räume unabhängig voneinander betretbar. Doch durch das Zusammenlegen der Buchräume entstehen unerwartete Ausblicke und Raumerweiterungen, ergibt sich eine nichtlineare Gleichzeitigkeit. ¶ Der Ansatz der Verschränkung setzt sich im Textbuch fort. Essay, Kommentartexte, Fußnoten, Pläne und textergänzende Illustrationen sind ineinander verflochten. Durch die typographische Differenzierung und das komplexe Gestaltungsraster werden die inhaltlichen Querbezüge visuell sichtbar und lesbar. ¶ Der Komplexität des Textteils wird die Ruhe des Bildteils, wo immer nur ein Bild für sich gesehen werden kann, gegenübergestellt – und umgekehrt. Ein Pegel verbindet die beiden Teile miteinander und ermöglicht die Zuordnung. ¶ Neben der visuellen Konzeption vervollständigen handwerkliche und haptische Qualitäten das bibliophile Buch. Die offene Fadenheftung lässt dauerhaft und benutzerfreundlich blättern, der Kopfschnitt schützt vor Verschmutzung und der bedruckte, geprägte Leineneinband schmeichelt der Hand, die ihn hält. *Gabriele Lenz*

Starting from the associating image of a double spiral staircase, two distinct book individuals interleave into a whole. Both books – the text book and the photo book – are accessible as spaces independent of one other. Yet by merging the book spaces, unexpected perspectives and space extensions are created, resulting in a non-linear simultaneity. ¶ The interleaving approach continues in the text book. Essay, commentary texts, footnotes, plans, illustrations complementing the texts are intertwined. Through the typographical differentiation and the complex design grid, the cross-references are visually conspicuous and readable. ¶ Contrasting to the complexity of the text section is the calm of the image section, where only one picture can be viewed at a time – and vice versa. A marker joins both sections together and enables a correlation. ¶ In addition to the visual conception, hand-crafted and haptic qualities round out the bibliophilic book. The open thread stitching allows for durable and user-friendly page turning, the top edge protects from soiling and the imprinted cloth binding flatters the hand that holds it. *Gabriele Lenz*

Bibliografische Information
Die Deutsche Nationalbibliothek verzeichnet die Publikation in der Deutschen Nationalbibliografie; detaillierte bibliografische Daten sind im Internet über *http://dnb.d-nb.de* abrufbar.
A CIP catalogue record for this book is available from the Library of Congress, Washington D.C., USA.

P.O. Box, CH-4002 Basel, Switzerland
Part of ActarBirkhäuser *www.birkhauser.com*

Distribution: ActarBirkhäuser D
www.actarbirkhauser-d.com
Barcelona – Basel – New York

Printed on acid-free paper produced from chlorine-free pulp. TCF ∞
Printed in Austria

ISBN 978-3-0346-0792-6
9 8 7 6 5 4 3 2 1

Herausgeberin Editor
Eva Guttmann, Haus der Architektur

Konzeption und Autor Concept and Author
Hubertus Adam
Fotografie Photographs
Hertha Hurnaus
www.hurnaus.com

Lektorat Copy Editing
Claudia Mazanek
Übersetzung Translation from German into English
Brian Dorsey

Buchgestaltung Bookdesign
gabriele lenz, büro für visuelle gestaltung
Projektleitung Project Management
Elena Henrich
Illustrationen Illustrations
Julia Zeleny
www.gabrielelenz.at

Plangrafiken Graphics
ulrich huhs, huhs & hanenberg
www.huhs-hanenberg.eu
Druckvorstufe Pre-press
Elmar Bertsch
Schriften Fonts
Coporate A+S, Kurt Weidemann
Papier Paper
Arctic Volume White 150g
Druck Printing
Ueberreuter Print GmbH
www.ueberreuter.com

Fördergeber
Funding Partners

Sponsoren
Sponsors

Sachsponsoren
Material Sponsors

Der Architekturpreis des Landes Steiermark wird gestiftet von
The Styrian State Architecture Prize is endowed by

Die Ausstellung zum Architekturpreis des Landes Steiermark 2010 wurde unterstützt von
The exhibition accompanying the Styrian State Architecture Prize 2010 was supported by

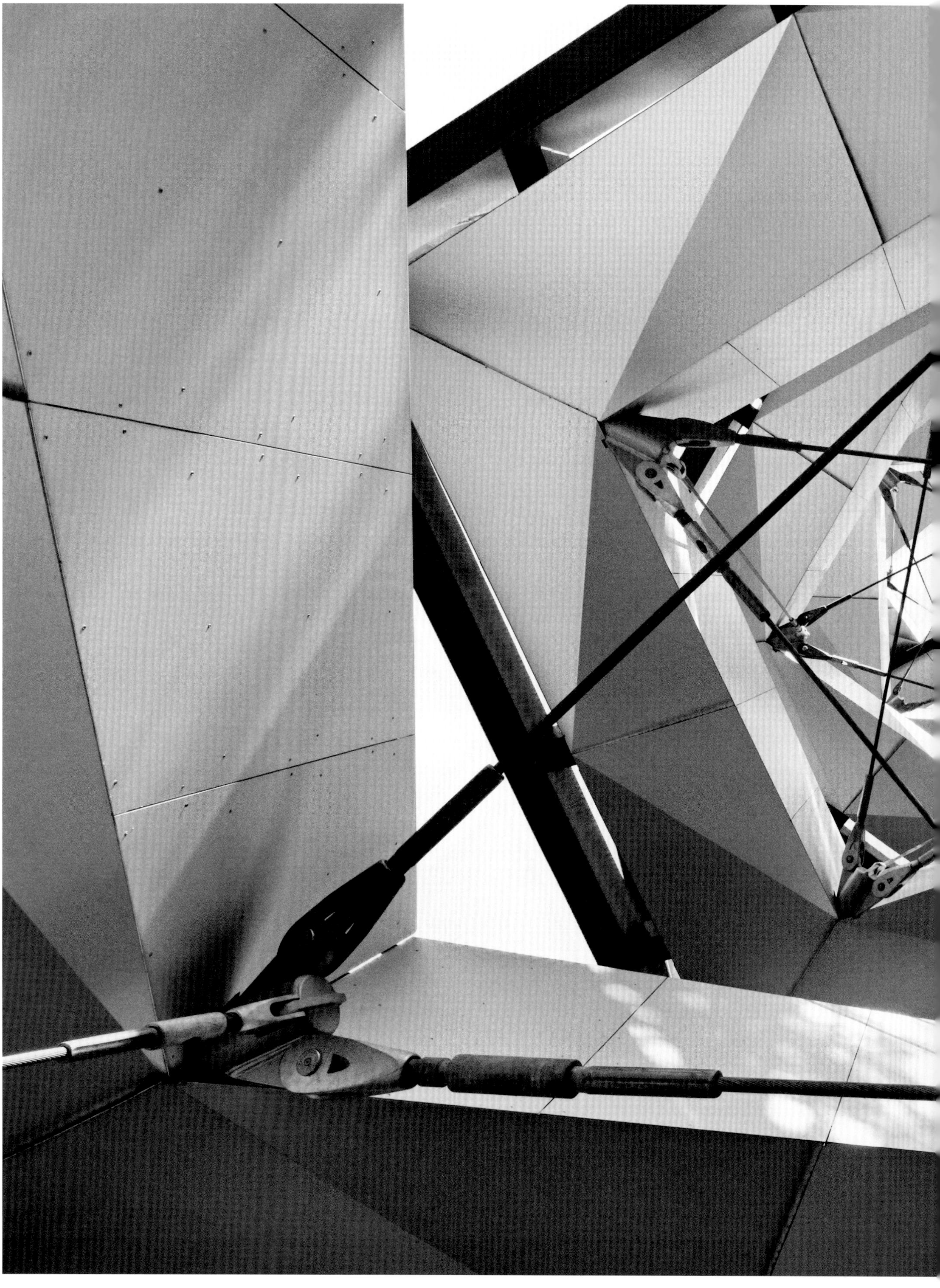

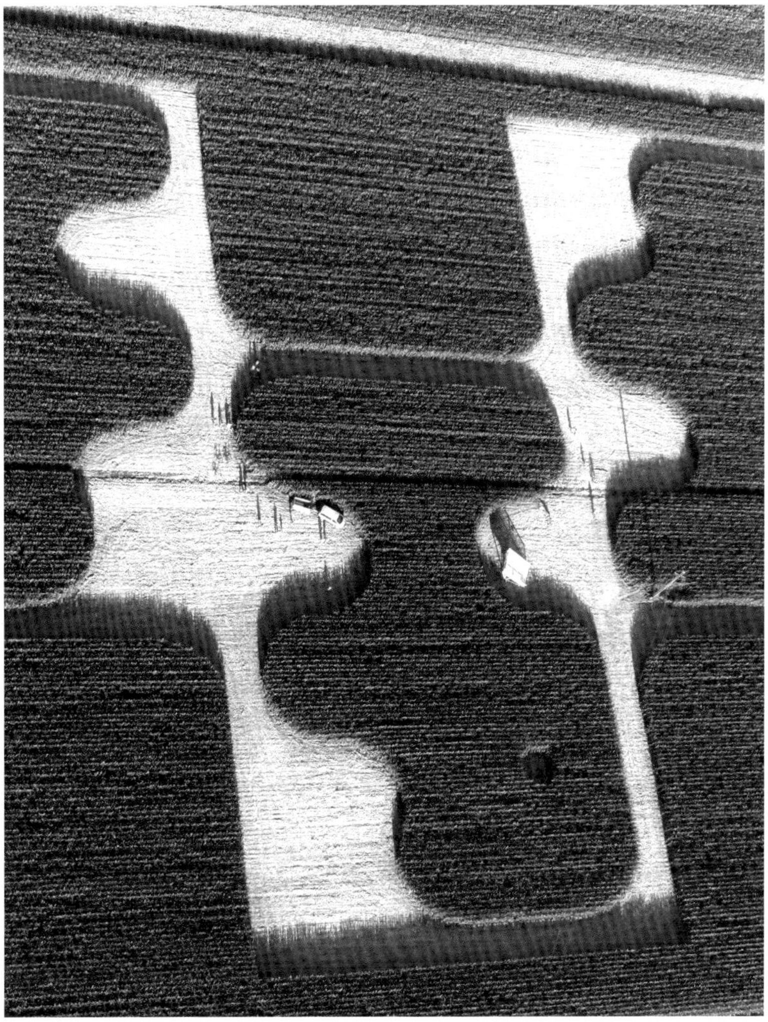

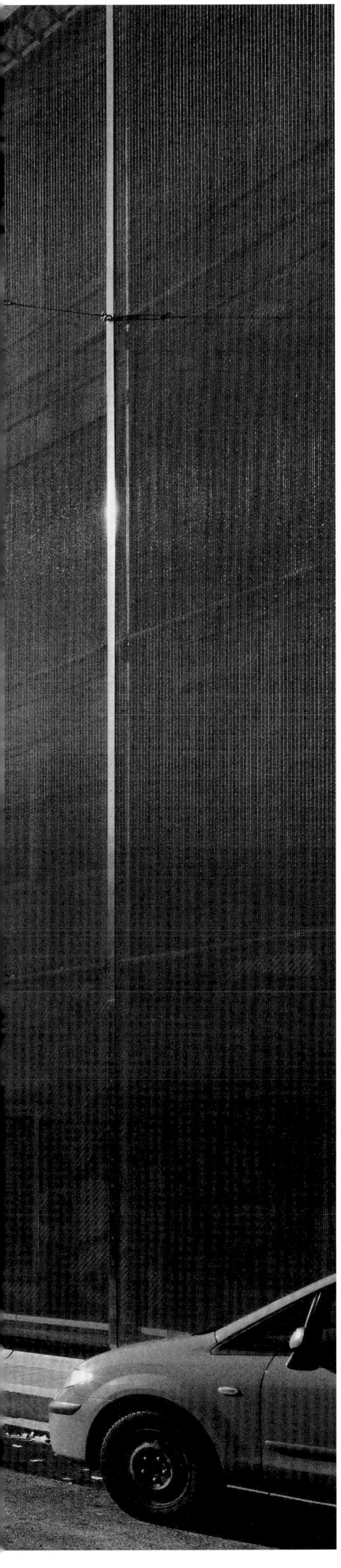

St-Georgen-Gasse

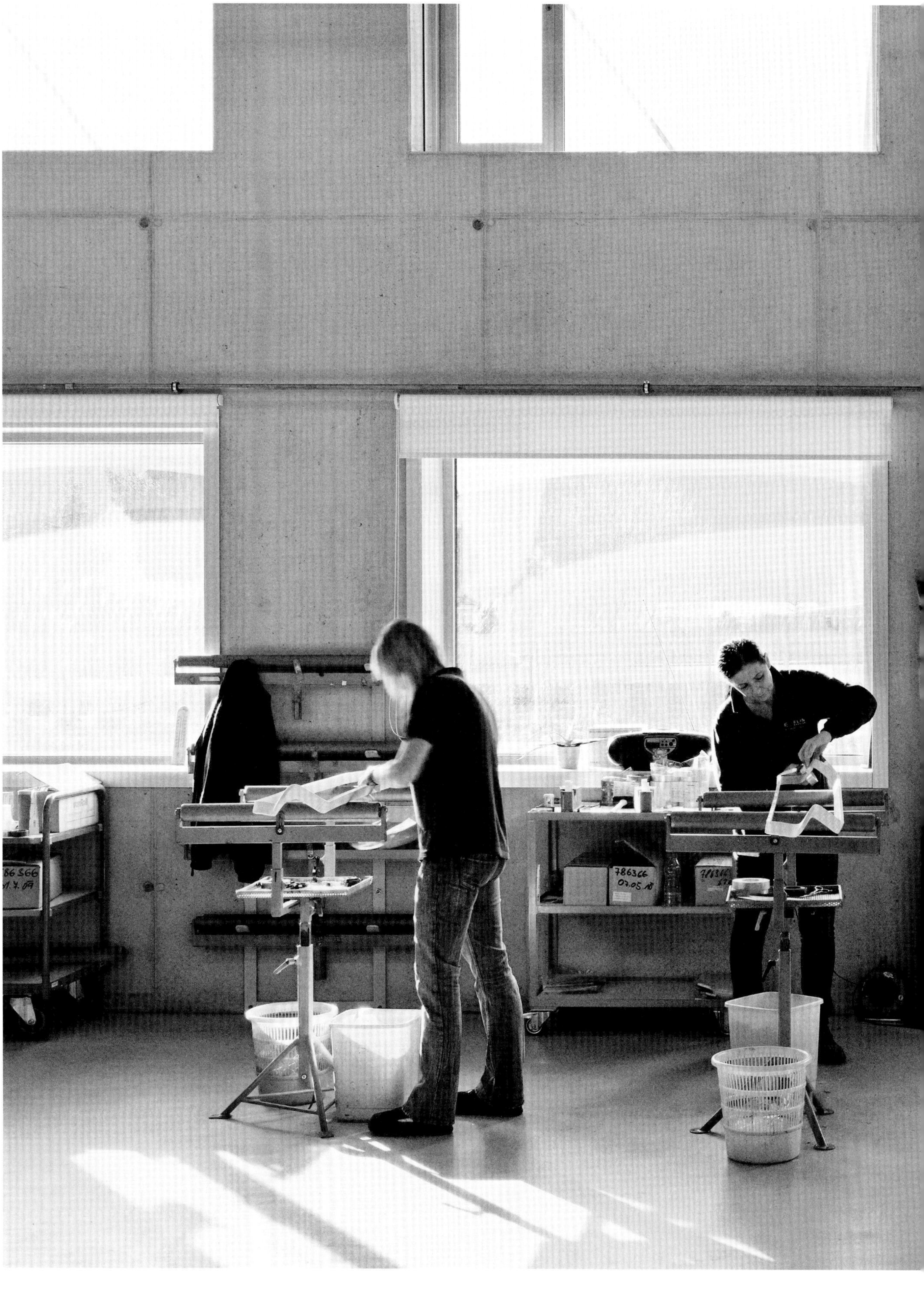
786366
07.05.10

vonRoll

NEWTON

ELIN

sued
7
GATX

Pensionistenclub Niklasdorf
Garagentore
0664 4880394
Schwab

Pensionistenclub Niklasdorf

Bezirkshaupt-
mannschaft
Agrarbezirks-
behörde

COPY
Ihr Werbe +
Druckpartner

sind sie wahrhaft daheim

VOLKSSCHULE
P Sportanlagen
Freizeitsee

GU 899 ED

VILA REISINGER 1925.